老いのこころと寄り添うこころ

介護職・対人援助職のための心理学　第3版

山口智子 編

遠見書房

まえがき

　あなたにとって，歳をとる，老いるとはどのような経験でしょうか。50年後の自分自身の姿を想像することはできますか。

　老年期は，体力や健康の喪失，配偶者や友人などの死，社会的役割の喪失など多くの喪失を経験します。高齢者はこのような喪失をどのように経験しているのでしょうか。私たちは物事がなかなか思うように進まなかったとき，「四苦八苦した」と言います。この四苦八苦はもともと仏教のことばで，四苦は「生老病死」です。生まれること，老いること，病気になること，死ぬことは思いのままにはなりません。老年期はこの四苦の中の「老病死」に向き合うときとも言えます。若いときに比べて，できないこと，思いのままにならないことばかりが増えていくのでしょうか。それとも，順風満帆な人生や安穏とした生活よりも，人生の苦や喪失に向き合うこと，折り合いをつけることが成熟につながるのでしょうか。歳を重ねるとはどのようなことなのかは興味深い問いです。そこで，本書では「老い」「病い」「死と看取り」を軸に，高齢者のこころの有り様を見つめてみたいと思います。

　本書は老年心理学，高齢者心理学の教科書ですが，高齢者の心理学全般を網羅しているわけではありません。高齢者に寄り添うこと，ケア実践に役立つように，認知症や死について丁寧に論じ，ナラティヴ（語り）を重視しています。これが本書の特徴です。心理学を専攻する学生，公認心理師・臨床心理士をめざす大学院生，社会福祉士や介護福祉士など対人援助職をめざす学生，介護職など高齢者のケアに関わっている人を読者として想定しています。

　また，老年期の心理臨床では，高齢者とのかかわりから，高齢者一人ひとりの生きざまを伝えていただいていると感じることもあります。そのような臨床の息づかいも伝えたいと思い，心理臨床実践と研究に取り組んでいる方に執筆をお願いしました。トピックスのうち「フレイルとサルコペニア：健康寿命に重要な2つの概念」は理学療法の立場から，「介護過程」「高齢者を看取る家族のグリーフケア」は介護の立場から執筆をお願いしました。

　第1部は「老い」です。第1部の目的は，加齢によって，さまざまな心理

機能がどのように変化するのか，「老い」の様相を理解することであり，発達心理学をベースにしています。第1章では，私たちが高齢者にどのようなイメージをもっているのかを問い，高齢者の心理を理解する視点として，生涯発達心理学とナラティヴ・アプローチを紹介します。第2章は，認知加齢です。知能や知性の捉え方の変遷をたどることで，第1章の生涯発達心理学の視点がどのように展開してきたのかを具体的に理解することができます。第3章はパーソナリティです。Erikson の第9段階や Tornstam の老年的超越など新しい知見を紹介します。第4章と第5章では，社会とのつながりや対人関係が高齢者の主観的幸福感や健康寿命とどのように関連するのかを検討しています。第1部では，従来，考えられていた「歳をとること＝衰退」ではなく，加齢により衰退する機能がある中で，高齢者がいかに衰退する機能を補償しているのかを示しています。

　第2部は「病い」です。老年期には，がんや高血圧や心臓病などの身体疾患をかかえることも多く，その心理的影響も重要な事柄ですが，第2部では，精神疾患について，特に，認知症をとりあげています。第6章は，認知症，うつ病，せん妄について，診断基準や原因疾患による症状や経過の相違など医学的な知見を紹介します。第7章は，認知機能のアセスメントについて，代表的な検査を紹介するとともに，アセスメントを行う上での留意点を述べます。第8章は，認知症をかかえる高齢者の主観的な体験とその家族の思いについてです。第6章の認知症の診断基準，すなわち，認知症であるか否かの真偽を問うことと，第8章の家族のことが分からなくなってしまうという不安や，「なぜ，私（または大切な家族）が認知症になったのか？」と問わずにはいられない戸惑いや嘆きには大きな違いがあります。ケアでは，認知症とはどのような疾患であるのかを理解することと，認知症をかかえる高齢者やその家族の体験としての病いを理解すること，そのどちらもが重要です。第9章では，高齢者と家族に対する心理的援助について，理論と技法を紹介します。第10章は，施設の利用と支援者の心理です。高齢者は病いの進行によって，自宅での生活が難しくなって，施設を利用することが多いのですが，高齢者が住み慣れた環境を離れて，施設に入所するとき，どのような困難があり，どのように適応していくのでしょうか。支援者の関わりやメンタルヘルスも質の高いケアの重要な論点です。

　第3部は「死と看取り」です。学部の講義では，青年期のさまざまな悩みをかかえ，死を意識している学生には「死」の講義は負担ではないかと思い，

講義の予告をするなど配慮しています。一方，学生からは「もう少し詳しく死のことをとりあげてほしい」という要望もあります。そこで，本書では，死について，3つの視点から考えます。第11章は，発達心理学の視点から，高齢者が死をどのように意味づけているかなど，高齢者の死生観について検討します。第12章は，臨床心理学の視点から，がんをかかえる高齢者に対する臨床実践について，理論と実践を紹介し，死を前にした高齢者やその家族にかかわる支援の意味を考えます。さらに，終末期にかかわる対人援助職にとって，死について考えておくことはケアの質を高め，自身を守るためにも重要なことです。そこで，第13章では，教育心理学の視点から，デス・エデュケーションをとりあげます。

　それぞれの章やトピックスから，高齢者のこころの理解を深めて，高齢者との温かい交流につながることを期待しています。また，第2部，第3部では，それぞれの執筆者が配慮や留意点を書いています。配慮，留意点や行間にこめられた思いから，寄り添うことについて考えていただきたいと思います。

　なお，本書は，独立行政法人日本学術振興会平成20〜24年度科学研究費補助金（基盤研究C）「過酷な体験の語りが支援者／研究者に与える心理的影響」（研究代表：山口智子，課題番号：20530647）の助成を受けました。

　最後に，出版にあたり，執筆を快諾してくださった皆様と企画から出版にいたるまで支えてくださった遠見書房の山内俊介氏に感謝します。

2024年11月　山口智子

目　次

まえがき　3

第1部　老い

第1章　老いのこころを理解する視点と基盤──生涯発達心理学・ナラティヴ・アプローチの視点と加齢による身体の変化
……………………………………………………………………… 山口智子　10

はじめに　10／Ⅰ　あなたの高齢者理解と老いに対する社会のイメージ　10／Ⅱ　老いのこころを理解する視点：生涯発達心理学とナラティヴ・アプローチ　13／Ⅲ　高齢者の語りからナラティヴ・アプローチの意義を考える　16／Ⅳ　加齢による身体の変化　18／Ⅴ　「老いにあらがうこころと寄り添えないこころ」：高齢者の心理を学ぶ意義　19／おわりに　21

トピックス：フレイルとサルコペア：健康寿命に重要な2つの概念
……………………………………………………………… 林　尊弘　23

第2章　認知加齢：知能・英知・代償的プロセス
……………………………………………………………………… 河野直子　24

はじめに　24／Ⅰ　知性の加齢発達　24／Ⅱ　日常生活の問題解決能力としての知性　32／おわりに　39

トピックス：高齢運転者への対応…………………………… 河野直子　42

第3章　パーソナリティと適応の姿
……………………………………………………………………… 中原睦美　43

はじめに　43／Ⅰ　パーソナリティの定義　43／Ⅱ　パーソナリティ研究　44／Ⅲ　パーソナリティの代表的な理論　44／Ⅳ　老年期に関するパーソナリティ理論　44／Ⅴ　老年期の適応　47／Ⅵ　老年期のパーソナリティの理解の方法　51／おわりに　54

トピックス：パーソナリティ検査が考案された流れ…… 中原睦美　57

第4章　高齢者の社会参加と幸福感
……………………………………………………………………… 久世淳子　58

はじめに　58／Ⅰ　高齢者の社会参加　59／Ⅱ　健康とのかかわり　61／Ⅲ　高齢者の幸福感　63／おわりに　64

トピックス：介護過程………………………………………… 武田啓子　66

第5章　高齢者の人間関係
·· 久世淳子　67

はじめに　67 ／ I　高齢者の家族関係　67 ／ II　高齢者のソーシャル・サポート　69 ／
III　介護をめぐる状況　72 ／おわりに　75

トピックス：成年後見制度 ··· 山口智子　78

第2部　病 い

第6章　高齢者に生じやすい精神疾患：定義，診断基準と経過
··· 河野直子・尾崎紀夫　80

はじめに　80 ／ I　認知症（Dementia）　80 ／ II　抑うつ症とせん妄（depressive
disorder and delirium）　93 ／おわりに　96

トピックス：精神障害の分類と診断基準 ·················· 河野直子　98

第7章　高齢者のアセスメント
·· 牧野多恵子　99

はじめに　99 ／ I　高齢者のアセスメントの種類　99 ／ II　高齢者のアセスメントを行う
上での留意点　106 ／ III　事　例　108 ／おわりに　111

トピックス：もの忘れ外来 ································· 牧野多恵子　114

第8章　認知症をかかえる人と家族
·· 鈴木亮子　115

はじめに　115 ／ I　世間の認知症の捉え方　115 ／ II　認知症とはどんな病気か　116
／ III　認知症の人の主観的体験　120 ／ IV　認知症の人と家族にとっての困難さ　121 ／
V　認知症の人を介護する家族を理解するためには　123 ／おわりに　126

トピックス：中学生・高校生の認知症のイメージと啓発活動
·· 鈴木亮子　128

第9章　高齢者に対する心理的援助：認知症をかかえる高齢者と家族の援助
を中心として
·· 山口智子　129

はじめに　129 ／ I　高齢者に対する心理的援助（認知機能の障害が少ない場合）　129 ／
II　認知症をかかえる高齢者に対する心理的援助　131 ／ III　認知症をかかえる高齢者の
家族に対する心理的援助　136 ／ IV　軽度認知障害と予防的介入　137 ／ V　高齢者への
心理的援助を行う場合に必要な配慮　138 ／おわりに　139

第10章　施設の利用と支援者の心理
·· 山本さやこ　142

はじめに　142 ／ I　高齢者にとっての介護施設へ入ること　143 ／ II　介護職・支援者

の心理 149／おわりに 153

トピックス：高齢者を看取る家族のグリーフケア…… 間瀬敬子 154

第3部 死と看取り

第11章 死について
……………………………………………………………… 山口智子 156

はじめに 156／I 死生学（Death and Life Studies）への関心 156／II 健康な高齢者の死の語り 157／III 終末期の死のプロセスとわが国の終末期高齢者の死生観 160／IV 死の医療化と医療の選択 163／V 高齢者の孤立と死：地域における予防活動 164／おわりに 166

トピックス：『ベンジャミン・バトン─その数奇な人生』
にみる加齢の姿…………………………………… 中原睦美 168

第12章 人生の最期の時に寄り添う心理的援助──がんを抱える人を中心に
……………………………………………………………… 中原睦美 169

はじめに 169／I がんをめぐるわが国の現状 169／II 終末期医療について 172／III 老年期のがんをめぐる新たな課題 176／IV 人生最期の時に寄り沿うこと：not doing, but being... 178／V 医療スタッフへの心理支援 180／おわりに 181

トピックス：老年期における
コラージュ・ボックス法の可能性………………… 中原睦美 183

第13章 デス・エデュケーション
……………………………………………………………… 茂木七香 184

はじめに 184／I 死生観について 185／II 死を捉える視点 188／III Death Educationの実際── 189／医学部学生・研修医へのDeath Education 189／おわりに 191

索 引 194

第1部

老 い

第1章
老いのこころを理解する視点と基盤
生涯発達心理学・ナラティヴ・アプローチの視点と加齢による身体の変化

山口智子

はじめに

　平成23（2011）年版の『高齢社会白書』（内閣府，2011）によると，わが国は2055年に65歳以上の高齢者が38％になると予想されています。その特集「地域における高齢者の『出番』と『活躍』―社会的孤立を超えて地域の支え手に」では，従来の「65歳以上の高齢者＝支えられる人」という固定観念を捨て，老若男女を問わず元気な人が活躍し支え合う社会を築くことが提唱されています。さらに，令和6（2024）年版の『高齢社会白書』（内閣府，2024）では，2070年に65歳以上の高齢者が38.7％，つまり，2.6人に1人は高齢者になると予想されています。わが国の急速な高齢化は人類史上初めてのものであり，高齢者の心理を理解すること，健康な老いのあり方，介護予防や認知症予防など予防的な介入を考えることは急務の課題です。この章では，まず，あなたの高齢者イメージや加齢への態度を考えます。次に，高齢者心理学の研究の歴史を概観し，老いのこころを理解する視点として，生涯発達心理学とナラティヴ・アプローチを紹介し，老いのこころを理解する基盤として，加齢による身体の変化について説明します。最後に，老いを受け入れることの難しさ，寄り添うことの奥深さを考えたいと思います。

I　あなたの高齢者理解と老いに対する社会のイメージ

1．あなたの高齢者理解

　表1は加齢に関するクイズです。あなたが高齢者をどのように理解しているのかを考えるために，まず，このクイズに答えてみましょう。次のことがらについて，正しいと思う場合はT（真）を，誤りと思う場合はF（偽）を○で囲んでください。なお，25「高齢者の健康状態や社会経済的な地位は，21世紀になっても今とあまりかわっていないだろう」は，すでに21世紀になっていますので，クイズから削除しています。

老いのこころを理解する視点と基盤　第1章　11

表1　加齢に関するクイズ（FAQ）Palmoreの日本向け修正版（西村と平沢，1993）

1）	大多数の高齢者は，記憶力が落ちたり，ぼけたりする	T	F
2）	高齢になると耳や目などいわゆる五感がすべておとろえがちである	T	F
3）	ほとんどの高齢者は，セックスに対する興味も能力ももっていない	T	F
4）	高齢になると，肺活量が落ちる傾向がある	T	F
5）	大多数の高齢者は，多くの時間をみじめな気持ちで過ごしている	T	F
6）	肉体的な力は，高齢になるとおとろえがちである	T	F
7）	少なくとも，1割の高齢者は養護老人ホーム，特別養護老人ホームなどに長期間入所している	T	F
8）	65歳以上で車を運転する人は，若い人よりも事故を起こす率が低い	T	F
9）	ほとんどの高齢者は，若い人ほど効率よく働けない	T	F
10）	およそ8割の高齢者は健康で，普通の生活をおくるのにさしつかえない	T	F
11）	ほとんどの高齢者は，自分の型にはまってしまって，なかなかそれを変えることができない	T	F
12）	高齢者は，何か新しいことを学ぶのに若い人よりも時間がかかる	T	F
13）	大多数の高齢者にとって，新しいことを学ぶのはほとんど不可能である	T	F
14）	ほとんどの高齢者は，若い人よりも反応時間が長い	T	F
15）	だいたい，高齢者というものは，みな同じようなものだ	T	F
16）	大多数の高齢者は，めったに退屈しない	T	F
17）	大多数の高齢者は，社会的に孤立しており，またさびしいものだ	T	F
18）	高齢者は，若い人よりも職場で事故にあうことが少ない	T	F
19）	わが国の人口の2割以上が65歳以上の高齢者である	T	F
20）	ほとんどの医師は，高齢者の治療より若い人の治療を優先する傾向がある	T	F
21）	一人暮らしの高齢者の半分以上は，生活保護を受けている	T	F
22）	ほとんどの高齢者は，現在働いているか，または家事や奉仕活動でもよいから何らかの仕事をしたいと思っている	T	F
23）	高齢者は年をとるにつれて，信心深くなるものだ	T	F
24）	だいたいの高齢者は，めったにおこったり，いらいらしたりしない	T	F

　このクイズは，実は，加齢や高齢者に対する理解力を測定するとともに，加齢や高齢者に対するステレオタイプを測定するために，1988年にPalmoreが作成した尺度です（Palmore, 1999）。項目19以外の奇数番号の

表2 エイジズムの形態（Palmore, 1999）

〈否定的〉
　ステレオタイプ：高齢者は病気がちなどの思い込み
　態度：年を取りたくないという態度
　差別：雇用における年齢差別など
〈肯定的〉
　ステレオタイプ：高齢者は孫世代にはやさしいなど過度の一般化
　態度：若者の意見を軽視し高齢者の意見を過度に重視しすぎる態度
　差別：雇用において，無条件で高齢者を優遇するなど

項目は「いいえ」が正解で，項目19と偶数番号は「はい」が正解です。本来の尺度は項目19も「いいえ」が正解ですが，わが国では高齢者の割合は20％を超えていますので，「はい」が正解です。誤答が多いほど，高齢者をステレオタイプで見てしまう傾向があるとされています。いかがだったでしょうか？　誤答が多くても落胆する必要はありません。元気な祖父母と同居していると肯定的になる場合があります。あまり高齢者との関わりがないと，高齢者をステレオタイプで考えることが多いかもしれません。なぜ，ステレオタイプで考えるようになったのか，ステレオタイプで考えることの問題点は何かを考えることが大切です。

2．老いに対する社会のイメージ：エイジズム

　高齢者に対する偏見や差別はエイジズム（ageism）と言います。Palmore（1999）はエイジズムの形態には偏見（ステレオタイプ・態度）と差別があると指摘しています（表2）。否定的なものだけでなく，肯定的なものもエイジズムと考えているところが興味深いところです。これらのものの見方，態度があなたの高齢者理解に影響していなかったでしょうか？　このような態度はどのように形成されるのでしょうか？　Palmoreは権威主義的な人が偏見をもちやすいこと，欲求不満のはけ口としての差別，自分の観念と一致することを認識し，一致しないことは無視する選択的な知覚，差別の合理化，死の不安による老人嫌悪，加齢に対する無知などをエイジズムの原因として指摘しています。

　わが国では，柴田（2003）がエイジズムと高齢者の就労の関連を検討しており，①若年就労者は，高齢者が「非効率」であり，高齢就労者を排除しようとする差別的な態度を持つ人の割合が高い，②大企業においてエイジズムスコアが高い，③若年者では，高齢者に関する事実を知らない場合，エイ

表3　エイジズムの解決方法（柴田・長田，2003）

1. 高齢者の加齢変化について正しい知識を持つ
2. 正しい情報を教育やメディアで広める
3. 高齢者の心身の状態や経済状態をよりよい方向に改善する
4. 学校教育や地域での血縁を超えた世代交流を促す

ジズムが強い，と指摘しています。かつて，Palmoreは，わが国には儒教思想があり，深刻なエイジズムはないと考えましたが，柴田（2003）や柴田・長田（2003）は誤答率の高さなどから，わが国の人々がより否定的な高齢者イメージをもっていることを指摘し，エイジズムの解決方法をまとめています（表3）。今日，年金や介護の問題，一人の高齢者を〇人で支えるなどの報道が繰り返し行われることによって，世代間の断絶やエイジズムが深刻化する可能性があります。正しい情報を選択し，高齢者との交流を通して，自分自身の，また，社会にあるエイジズムに対して適切に対処できる力がもつことが望まれます（竹内・片桐，2021）。

II　老いのこころを理解する視点：生涯発達心理学とナラティヴ・アプローチ

1．生涯発達心理学までの高齢者研究の流れ

　生涯発達心理学以前の高齢者研究の歴史は佐藤（2008）を援用し，概説します。佐藤は，1800年代を科学の夜明けの時代として，Gompertz, R.（『人間の死亡の法則に関する関数表現の性質について』［1825］）やQuetelet, A.（『人間に就いて』［1835］）を高齢者心理学のルーツとしました。また，子の自立後も生きる人間の特性を言及したDarwin, C.（1859）の『種の起源』やGalton, F.（1884）の人体測定も高齢者心理学の歴史に加えています。

　20世紀初頭は「児童の世紀」であり，老年期への注目は少なく，本格的な高齢者心理学としては，Hall, G. S.（1922）の『老年―人生の後半』，Miles, W. R.（1927）のスタンフィード老年成熟研究（組織的な高齢者の知能研究），Thorndike, E. L.（1928）の高齢者に対する記憶と学習の実験研究があります。Bühler, C. は1933年に約400の伝記を分析し，人の生涯の心理学的変化と生物学的変化を『心理学の課題としての人間の生涯』にまとめました。これは生涯発達心理学の先駆的研究です。

　第二次世界大戦で高齢者研究は一時，衰退しましたが，大戦後に再開され，

1945年に米国老年学会やアメリカ心理学会の第20部会として「成熟と老年部門」が設立され，1950年に国際老年学会が設立され，学会誌も創刊され，研究が急速に発展しました。その年，Erikson, E. H. は『幼児期と社会』で老年期研究の必要性を指摘しました。1958年にBühler, C. の研究に触発されたThomae, H. が生涯発達心理学研究を掲載する雑誌を発刊し，1964年からボン縦断老化研究によって本格的な高齢者研究を開始しました。生涯発達心理学のスタートはBaltesとGoulet, L. R. が1969年に開催した「生涯発達心理学に関するウェストバージニア会議」です。その後，生涯発達心理学のシリーズを刊行し，Baltesらの主張は徐々に受け入れられるようになりました。

2．生涯発達心理学の視点

1980年代になって，発達心理学は成人期や老年期や死までを扱う生涯発達心理学になりました。Baltes (1987) が生涯発達心理学を特徴づける理論的観点をまとめています（表4）。Baltesは，①発達は生涯にわたる過程であり，②発達は一方向への変化ではなく，多方向性をもち，③獲得と喪失としての過程です。そして，④発達は可塑性をもち，⑤歴史的文化的な条件によって影響されるとともに，⑥生得的・年齢に規定される影響，歴史的な影響，個人に特定の影響（個人的出来事）が相互に関連する文脈の影響を受けます。また，⑦学際的な研究であること，が特徴です。この生涯発達心理学の視点は「発達」とは何かというものの見方を大きく転換する視点です。従来の発達心理学はいくつになると何ができるかという視点での研究がおこなわれてきましたが，生涯発達心理学では獲得だけでなく喪失にも着目していること，歴史や文化，人生で経験する生得的・年齢的影響，歴史的影響，個人的な出来事の影響という相互に関連する文脈のなかで個人の発達を理解する必要性を指摘しています。高齢者は心身や体力の低下，退職，他者の死など喪失を多く経験しますが，高齢者がどのような時代・文化背景の中をどのような歴史的出来事や個人的出来事を経験してきたのかを踏まえたうえで，高齢者の心理を理解することが重要です。

3．ナラティヴ・アプローチ

さらに，1990年代になって，心理学だけでなく，医学，文学，社会学などさまざまな学問領域でナラティヴ（物語）への関心が高まりました（Bruner,

表4　生涯発達心理学を特徴づける理論的観点（Baltes, 1987; やまだ, 1995）

概　　念	各観点の内容
生涯発達	個体の発達は生涯にわたる過程である。どの年齢も発達の性質を規定する上で特別の地位をもたない。発達の全過程を通じて、また生涯のあらゆる段階において、連続的（蓄積的）な過程と不連続（革新的）な過程の両方が機能している。
多方向性	個体の発達を構成する変化の多方向性は、同一の領域内においてすら見いだされる。変化の方向は行動のカテゴリーによってさまざまである。さらに同じ発達的変化の期間において、ある行動システムでは機能のレベルが向上する一方で、別の行動システムでは低下する。
獲得と喪失としての発達	発達の過程は、量的増大としての成長といった、高い有効性の実現へと単純に向かう過程ではない。むしろ発達は、全生涯を通じて常に獲得（成長）と喪失（衰退）とが結びついておこる過程である。
可塑性	個人内での大きな可塑性（可変性）が心理学的発達において見いだされている。したがって個人の生活条件と経験とによって、その個人の発達の道筋はさまざまな形態をとり得る。発達研究の重要ポイントは、可塑性の範囲とそれを制約するものを追究することである。
発達が歴史に埋め込まれていること	個体の発達は、歴史的文化的な条件によってきわめて多様であり得る。いかにして個体の（年齢に関係した）発達が進むかということは、その歴史上の期間に存在している社会文化的条件と、その条件がその後いかに推移するかによって著しく影響される。
パラダイムとしての文脈主義	個々の発達のどの特定の道筋も、発達的要因の3つのシステムの間の相互作用（弁証法）の結果として理解することができる。3つの要因とは、年齢にともなうもの、歴史にともなうもの、そしてそのような規準のないものである。これらのシステムの働きは、文脈主義に結びついたメタ理論的な原理によって特徴づけられる。
学際的研究としての発達研究	心理学的発達は、人間の発達に関係する他の学問領域（たとえば人類学、生物学、社会学）によってもたらされる学際的文脈の中で理解される必要がある。生涯発達的な見方を学際的態度に対して開いておく理由は、「純粋主義的」な心理学的観点だけでは、受胎から死に至る行動発達のごく一部分しか描き出すことができないからである。

1986; McAdams, 1993 など)。ナラティヴ・アプローチは, 従来の発達心理学の成長・獲得の視点も生涯発達心理学の視点もそれぞれのものの見方, 一つの物語として理論を相対化します (やまだ, 2007, 2011)。やまだは, 「発達における喪失の意義として「意味づける行為 (act of meaning)」(Bruner, 1990) に着目しています。人間は長く生きるほどに, 病いや事故や災害や重要な他者の死など喪失やマイナスの出来事に出合うことは避けられず, そのときにどのようにプラスの価値へとものの見方を変換するか, 生成的に生きる力へと変化させていくか, そのプロセスと変換方法を知ることが重要であると述べています。高齢者は体力の衰えや病い, 親しい人の死など多くの喪失を経験します。高齢者がそれをどのように意味づけているのかを理解することは非常に重要です。また, 高齢者心理の主要なテーマであるエイジング・パラドックス (第3章), 主観的幸福感 (第5章), Erikson の「自我の統合 対 絶望」(第3章), Butler のライフレビュー (人生回顧) や回想法 (第9章) は, 高齢者が現在の生活や人生にどのような意味を生成するのかに関連し, 経験を「意味づける行為 (act of meaning)」(Bruner, 1990) です。

III 高齢者の語りからナラティヴ・アプローチの意義を考える

ここで, 高齢者の語りを紹介したいと思います。Aさんは「高齢者は人生をどのように語るのか」についての調査面接の協力者です (山口, 2004)。

まず, Aさんは「80代後半の男性で, 自営業をすでに廃業し, 妻の死後, 嫁との折り合いが悪くなり, 独り暮らし」から, どんな人がイメージできますか? 次に, Aさんの語りを紹介します (表5)。

Aさんはどんな人でしょうか? 簡単な経歴から理解できることと語りから理解できることには違いがあります。語りから知性や志向性, 聴き手とのコミュニケーションの取り方などその人らしさと語りの状況が想像できます。ライフストーリーの研究者である McAdams (1993) はその人を知りたいとき, その人が経歴をどのように語るのか, すなわち, ライフストーリーを知ることが役立つと指摘しています。

次に, 未解決の葛藤について考えると, 親から引き継いだ家業を廃業せざるを得なかったAさんは当初, 「仕事しかないつまらん人生」と繰り返し, 仕事や廃業について葛藤があると考えられました。この未解決の葛藤の再吟味について, Aさんは〈一生懸命働かれたのでは?〉という他者 (面接者)

老いのこころを理解する視点と基盤　第1章　17

表5　Aさんの人生の語りの変容過程（山口, 2004）

〈第1回面接〉
　Aさんは「40代，50代は仕事しかないつまらない人生だった。ただ暮らすために仕事一点張り。つまらん生活したな。どうしてこういう人生だったのだろうか」と虚空を見つめて何度も語ります。調査者が〈一生懸命働かれたのでは？〉に「働くのは働いたなあ」と言い，後半では「うん。一生懸命仕事をしたとはいえるなあ。厳しい競争で生き馬の目を抜くようだった。一生懸命せざるを得なかった。長男だし，他の道の選択はなかった。けど，それは卑怯な言い方かもしれん。自分を通さなかった」と語りました。

〈第2回面接〉第1回面接から数カ月後の面接
　調査者がライフヒストリーを見せると，「100％，全くこの通りです。生活に関係ない人にずばずば話せるのはスカッとする。……先生におもねるわけではないけれど，白を黒とも黒を白とも言えることを納得させるのは大変な仕事，四つに組んでやってほしい。こうやって話すと先生がまとめて発表する。それが高齢者の理解に役立てば嬉しい」と語りました。

〈第3回面接〉第2回面接から約1年後の面接
　Aさんは「先生がまとめたものを土台にして自分なりにまとめたので読んでください」とレポートを持参しました。レポートには「40代から50代は仕事だけの生活であった。当時は個人経営の零細企業で，同業者同士食うか食われるかの全くゆとりのない生活だった。私なりに全力投球したなあと思い，ある意味では心の充実感をもつことができた。…（略）…私の生活時間帯は子どもの教育に全力投球，自分の中学中退のことを思い，子どもには万全を尽くしてやろうと考えた。長男は大学を卒業し，次男は大学院に進学。これで親としての子供への役目は果たしたと充実感を覚えた」と書いてありました。

〈第4回面接〉第3回面接から約1年後の面接
　Aさんは開口一番，「施設に入ることになりました」と言います。経緯を尋ねると自ら役所に相談に行ったことを話し，「息子らも嫁もよくしてくれるが，前に嫁といろいろあったし，家族に看てもらうのは難しいなあと思う。自分のことができなくなったときはプロの人に看て欲しい。で，そこに行くことに決めた」と晴れやかな表情です。印象に残る出来事を尋ねると「本当は上の学校に行きたかったし，上の学校に行っていたらもう少しましな生活ができたかなあと思う。〈もう少しましな生活？〉私らの時代ではもう少し経済力があったらなあと思うけど，あの時代は家業を継ぐのが当たり前の時代だった。自分の代で仕事はやめた。時代の流れには勝てんで，まあ，それは仕方がないね。父や祖父が仕事をして土地を残してくれたので施設に入れるでありがたい。息子らもよくしてくれて，次男が出張の途中で施設に立ち寄り職員の人にあいさつをしてきてくれた」と語りました。

のことばを取り入れて，成功か廃業（失敗）かという達成による評価ではなく，「全力投球」など努力の視点から評価し，「子どもの教育」と関連づけて「充実感」として語り直しています。このように「未解決の葛藤」の再吟味では他者の言葉の取り入れや視点の転換，新たな意味の生成が行われていま

す。このような人生の再吟味がEriksonのいう自我の統合と関連します。

　この例から、ナラティヴ・アプローチの意義を考えると、Aさんが人生をどのように意味づけているのか、Aさんの意味世界を理解でき、Aさんを深く理解することになります。この本では高齢者の語りを多く載せています。どのような心境、どのような人なのかを想像してください。語りからイメージを膨らませることが実践に役立ちます。

　また、Aさんの語りからは、ときの経過のなかで意味づけがどのように変容するのかという変容過程や、高齢者が未解決の葛藤に肯定的な意味を変換していくプロセスを検討できます。これらのことから、多くの喪失を経験し、個人差が大きいといわれる高齢者を理解するうえで、ナラティヴ・アプローチは有効な視点ではないかと思います。

IV　加齢による身体の変化

　次に、老年期は心身相関が強いといわれており、老いのこころの理解する基盤として、加齢による身体の変化を理解しておくことが必要です。大内・秋山（2010）、佐藤・大川・谷口（2010）を参考に概説します。加齢にともなって、体細胞は減少し、臓器の縮小と組織の機能変化として、動脈硬化の進行、免疫系の脆弱化、代謝の低下、性ホルモンの分泌低下などが生じます。これらの加齢変化に加えて、何らかの原因から病的変化が生じます。これが老年期疾患です。老年期疾患には脳血管障害や高血圧症、虚血性心疾患、糖尿病、痛風、骨・関節炎、骨粗鬆症、慢性関節リウマチなどさまざまな疾患があります。高齢者は病気になりやすく、複数の疾患をかかえることも多くなります。また、運動機能では筋力やバランス感覚、柔軟性の低下が認められます。

　老年症候群とは、加齢と老年期疾患により心身の機能が低下した状態であり、認知症、意欲低下、せん妄、転倒、失禁、寝たきり、めまいなどがあげられます。これらは、日常生活動作の低下や治療の経過や生命の見通しに関連します。

　特に、注意が必要な老年症候群は生活不活発病（廃用性障害）です。これは入院や手術に伴う身体の過度の安静や心身の不活発による合併症です。機能を適度に使い維持することが重要で、使わないと機能低下により、関節の拘縮や変形、骨格筋の委縮、起立性低血圧、心臓機能低下などが生じます。病気で入院する場合は過度の安静を避け、災害による避難所生活や生活環境

の変化では，活動が不活発にならないための工夫や配慮が必要です。

　また，近年，介護予防の観点からはフレイルが注目されています。フレイルとは，加齢とともに運動機能や認知機能等心身の活力が低下し，生活機能が障害され，心身の脆弱性が出現した状態ですが，一方で適切な介入・支援により，生活機能の維持向上が可能な状態像です。介護予防として，運動器の機能改善，栄養改善，口腔機能向上のプログラムなどがあります。高齢者の多くは住みなれた地域で生活したいと望んでいますが，地域社会で自立した生活を送るためには，食事や排せつが自立しているだけでは不十分で，公共交通機関を使い，買い物に自分で行くことができるなども必要な行動です。このような動作を手段的日常生活動作（instrumental activities of daily living; IADL）と言います。このIADLには身体要因である握力（低値）のほか，知的活動性や社会的役割といった心理・社会的要因が関連しています。健やかな老いを考えるためには，心理的要因だけでなく，身体的要因や社会的要因の関連を丁寧に検討することが必要です。

V　「老いにあらがうこころと寄り添えないこころ」：　高齢者の心理を学ぶ意義

　この本のタイトルは『老いのこころと寄り添うこころ』です。しかし，自分の老い，年老いた家族の老いを考えると，「人は死ぬことを知っている」と「自分の死が迫っている」が違うように，自分の老いを受けとめ，身近な人の老いに寄り添うことは難題です。

　「まったくもう」，これは仕事から帰る途中に，従姉からの携帯メールを読んだ時の私のつぶやきです。メールには「おばさん（私の母）が明日，着物リサイクルの人に来てもらうと言ったので，やめたほうがいいよと言ったけど……」と書いてありました。すぐに，88歳になる母に電話をすると，呑気な口調で「ちょうどよかったぁ，相談しようと思って」と。母は「着物を引き取るときにお金にならないものもあると言われたけど，少しずつでも片づけたい。連絡先も聞いて心配ないかなと思うけど」と玄関先で着物を引き取ってもらうつもりでした。私は「知らない人に来てもらって，家にあがりこまれたらどうするの？　いつも用心深いのにどうしたの？」とつい口調が荒くなり，結局，引き取りは断ることにしました。私は翌朝，消費者セン

ターに電話して，訪問買取のトラブル（貴金属を安く買い取られるなど）が増えていることを確認し，業者に連絡しました。母は近所の人とのおしゃべり会に出かけ，業者が来ることもなく，事なきを得ました。おしゃべり会で着物リサイクルの話をしたら，実際に家にあがりこまれて困った人がいたそうです。

　この出来事を皆さんはどう思いますか？　私は「用心深くしっかり者の母なのに」と怒りがわくと同時に，「子どもに迷惑をかけたくない」という思いが切なく，「歳をとるのはなんだか哀しい」などいろいろな気持ちが湧いてきました。従姉には「そうそう。親はなんか違うんだよね」と慰められ，仕事の仲間たちも「面接のときは子どもに迷惑をかけたくない想いもジックリ聴ける。でも，親はちがう」と言います。なぜ，親は別なのでしょうか？　損害を被る可能性があるから？　親の老いを認めたくないから？　親の姿に将来の自分の老いを見るから？　どれも関連するのかもしれません。そのうち，ふと，昔，母が丁寧に着物を縫っていた姿や早朝，子どもたちが目を覚まさないようにと，うす暗いなか，手際良く着物を着て，帯をきゅっと締めていた姿を思い出しました。母にとって，着物が特別な意味をもっているように，私にも母の着物は特別な意味をもっていました。

　また，ちょうどその頃，夜中にふらついて転んだ母は自分の老いや死をより意識するようになったのかもしれませんし，私は着物リサイクルの背後にある死の意識を否認したかったのかもしれません。もし，私が着物リサイクルに賛成し片づけを勧めたら，母は果たして満足したのでしょうか？　それも少し違う気がします。途中からは，忙しさにかまけている娘へのしたたかなアピールという側面も加わったのかもしれません。この出来事を老いや死を巡る母娘の交渉と考えると，人の感情や行動は複雑で不思議で興味が尽きないと思います。

　では，老いのこころに寄り添うとはどういうことでしょうか？　例えば公認心理師や臨床心理士が高齢者に接するのは，多くはカウンセリングや心理検査など限られた短い時間で，非日常的です。時間や場所などの構造が決まっている，枠があることによって，相手の気持ちに寄り添いやすくなります。他方，家族や介護職の人と高齢者の関わりは日常的なものであり，依存しすぎるなどの別の難しさがあります。家族には家族それぞれの歴史や思いがあります。このことがあってから，本のタイトルを『寄り添えないこころ』

にしようかと迷いましたが，これから介護や対人援助職を目指す人に『寄り添えないこころ』は希望がないと思い，『寄り添うこころ』のままにしました。しかし，寄り添うのは難しいというのも避けがたい現実です。だからこそ，専門性の高い，やりがいのある仕事とも言えます。

　この寄り添うことの難しさを少しでも軽減していくには，高齢者の老い，病，死に関する心理を学び，正しい知識やものの見方を身につけることです。知識は高齢者一人ひとりの理解や対応を考えるツールであり，ものの見方はその知識をどう活用するかです。また，語りに着目することもその人独自の意味世界の理解につながります。

おわりに

　この章では，エイジズムについて概説し，高齢者のこころを理解する有効な視点として，生涯発達心理学，ナラティヴ・アプローチの視点を紹介し，加齢による身体の変化を概説しました。また，老いのこころに寄り添うことのむずかしさを述べました。さらに，学習を深めたいときは，わが国の社会や高齢者の状況の概要は『高齢社会白書』（内閣府，2024），生涯発達心理学とナラティヴ研究に関してはやまだ（2007），ナラティヴを重視した実践は『N：ナラティヴとケア』（森岡，2013；野村，2020など），老年期に起こりやすい疾患の理解には黒川・松田・斎藤（2005）の『老年臨床心理学』第5章などが役立つと思います。

文　　献

Baltes, P. B. (1987) Theoretical propositions of life-span developmental psychology: On the dynamics between growth and decline. Developmental Psychology, 23, 611-626.
Bruner, J. (1990) Acts of Meaning. Cambridge, M; Harvard University Press.
黒川由紀子・松田修・斎藤正彦（2005）老年臨床心理学―老いの心に寄りそう技術．有斐閣．
McAdams, D. P. (1993) The Stories We Live by: Personal Myths and Making of the Self. New York; Merrow.
森岡正芳編（2013）N：ナラティヴとケア第4号―心理的支援法としてのナラティヴ・アプローチ．遠見書房．
内閣府（2011）高齢社会白書（平成23年版）．ぎょうせい．
内閣府（2024）高齢社会白書（令和6年版）．ぎょうせい．
野村晴夫編（2020）N：ナラティヴとケア第11号―心の科学とナラティヴ・プラクティス．遠見書房．

大内尉義・秋山弘子編（2010）新老年学（第3版）．東京大学出版会．
Palmore, E. B. (1999) Ageism: Negative and Positive. 2nd ed. New York; Springer.（鈴木研一訳（2002）エイジズム―高齢者差別の実相と克服の展望．明石書店．）
西村純一・平沢尚孝（1993）現代学生にみる老いへの知識と態度．東京家政大学生活科学研究所研究報告, 16, 25-33.
佐藤眞一（2008）高齢者と加齢をめぐる心理学的考察の歴史と展望．In：権藤恭之編：朝倉心理学講座15 高齢者心理学．朝倉書店．
佐藤眞一・大川一郎・谷口幸一編（2010）老いのこころのケア―老年行動科学入門．ミネルヴァ書房．
柴田博（2003）高齢者における健康で働きがいのある就労継続の社会的基盤に関する研究．平成14年度総括研究報告書 厚生労働科学研究費補助金 長寿科学総合研究事業．
柴田博・長田久雄編（2003）老いのこころを知る．ぎょうせい．
竹内真純・片桐恵子（2021）エイジズム研究の動向とエイジング研究との関連―エイジズムからサクセスフル・エイジングへ．心理学評論, 63 (4), 355-374.
山口智子（2004）高齢者の人生の語りの発達臨床心理．ナカニシヤ出版．
やまだようこ（1995）生涯発達をとらえるモデル．In：無藤隆・やまだようこ編：講座生涯発達心理学1 生涯発達心理学とは何か：理論と方法．金子書房, pp.57-92.
やまだようこ編（2007）喪失の語り―生成のライフストーリー．新曜社．
やまだようこ（2011）「発達」と「発達課題」を問う：生涯発達とナラティヴ論の観点から．発達心理学研究, 22 (4), 418-427.

トピックス：フレイルとサルコペニア
——健康寿命に重要な2つの概念

林　尊弘

　高齢化が進む現代社会において，健康寿命の延伸は喫緊の課題となっています。この課題に取り組む上で，「フレイル」と「サルコペニア」という2つの概念を理解することは不可欠です。

　フレイルとは，健康な状態と要介護状態の中間に位置する段階で，加齢に伴うさまざまな機能の低下（予備能力の低下）により，疾病や身体機能障害に対する脆弱性が増した状態を指します。令和4（2022）年度国民生活基礎調査によると，フレイルは65歳以上の高齢者が要支援ならびに要介護状態となる原因のそれぞれ2位（17.4％），4位（10.9％）を占めています。さらに，Makizakoらによる日本の地域在住高齢者を対象とした研究では，フレイルと診断された方は，適切な介入がない場合，2年後には健常な人よりも約5倍も要介護状態になりやすいことが報告されています。フレイルの診断には，体重減少，主観的疲労感，活動度の減少，歩行速度の低下，筋力の低下の5項目が用いられます。これらのうち3項目以上当てはまった場合は「フレイル」，1～2項目当てはまった場合は「プレフレイル（フレイル前段階）」とされ，早期の対応が求められます。

　そして，フレイルの重要な要因の一つとして挙げられるのが「サルコペニア」です。サルコペニアは，加齢に伴う骨格筋量および筋力の減少を特徴とする状態です。したがって，フレイル対策において，サルコペニア予防と改善は極めて重要となります。

　サルコペニアに対する有効な介入には，主に栄養と運動の2つのアプローチがあります。栄養面では，十分なタンパク質の摂取が鍵となります。高齢者には1日あたり体重1kgあたり1.2～1.5gのタンパク質摂取が推奨されています。特に，タンパク質を構成するアミノ酸のうち，筋肉の合成を促すロイシンなどの必須アミノ酸を多く含む食品（乳製品，肉類，魚類など）を積極的に摂取することが効果的です。また，ビタミンDも筋肉の機能維持に重要な役割を果たすため，十分な摂取が必要です。運動面では，レジスタンス運動（筋力トレーニング）が最も効果的でウォーキングなどの有酸素運動との組み合わせも推奨されています。しかし，運動の継続性が最も重要であるため，個々の健康状態に応じて，軽度の運動から始め，徐々に強度や時間を増やしていくことが賢明です。

　このようにフレイルとサルコペニアを理解し，適切な介入を行うことが健康寿命の延伸に大いに寄与します。

文　　献

Fried, L. P., Tangen, C. M., Walston, J., et al. (2001) Frailty in older adults: Evidence for a phenotype. Journals of Gerontology Series A: Biological Sciences and Medical Sciences, 56 (3); M146-56.

Makizako, H., Shimada, H., Doi, T., Tsutsumimoto, K., & Suzuki, T. (2015) Impact of physical frailty on disability in community-dwelling older adults: A prospective cohort study. BMJ Open, 5 (9); e008462.

第2章
認知加齢：知能・英知・代償的プロセス

河野直子

はじめに

　生涯発達心理学（psychology of life-span development）は，老年期も含めたヒトの生涯にわたるこころや行動の展開について，「いったい発達するというのはどういうことなのか」という関心をもって，研究したり議論したりする分野です。第2章では，ヒトの知的な側面に関する生涯発達心理学の成果を紹介します。知的な側面というと，知能指数が高いか低いかということを連想するひともいるでしょう。しかし，老いに伴う知的な発達を観察していくと，ヒトの知的な発達が，いわゆる知能検査で測られるような知能指数だけをものさしにして議論するには余りにも豊かで，奥深い世界であることが見えてきます。こうした一連の観察は「認知加齢（cognitive aging）」の研究と言われています。認知加齢研究について学ぶことによって，老いを通して知的に展開し続ける豊かさについて，一緒に考えてみましょう。

I　知性の加齢発達

　「最近，たくさんのことをいっぺんに覚えられなくなったのよ」「あなたも？ 私もよ。もう歳ね」という高齢者の会話を聞いて，老いることと頭の働きとの間にどんな関係を思い浮かべるでしょうか。「歳をとると若い頃より記憶の量が低下するのだろう」などと，記憶量という頭の働きに対する加齢の標準的な影響に注目するでしょうか。それとも，「いっぺんに記憶できる量は減っているみたいだけど，言葉の意味に関する知識はどうなっているのだろうか」と記憶量というものさし以外のものさしとの関係に注目するでしょうか。はたまた，「歳をとって記憶できる量が減るのに，なぜ，この二人はそれぞれ，今でもうまく生活ができているのだろうか」などと頭の働きの変化に応じた個人の適応方略に興味をもつでしょうか。認知加齢について考える研究ではこれらの視点に立った研究が順を追って登場してきましたが，それはまさに加齢発達の捉え方や研究法の展開そのものと軌を一にしています。

生涯発達心理学という分野のものの見方・考え方を知るためにも認知加齢について学ぶことは意義深いといえます。

1．知能とは何か：現代的な知能検査ができるまで

　知能とは何か。何が知能で，どのような構造をもっているのか。この問題は，心理学において長らく議論が続けられている事柄です。これだけ長く議論されても，何を知能とするか（知能の定義）については，現在のところ統一的な結論は得られておらず，研究者によって異なると言うしかない現状です。しかし，現在では，標準化された一定の手続によって測定されたもの（知能検査）から対象者の知的な状態を推定し，指数（IQ; intelligence quotient）として把握するという方法が一般的に用いられています。

　心が科学的に扱われ始めた19世紀のWundtの時代から，心理学者たちは，単純な反応時間や圧力や重さの弁別精度といった指標を用いて知性に迫ろうとしてきました。特に，19世紀末になると，神経発達症など障害のある子どもたちに対する特殊教育を行う目的から，各年齢の子どもの多くが通過できる課題を準備して，何歳相当の問題を通過できるかを検討することで，年齢に対して遅れがある子どもとそうでない子どもを区別するための検査法が作成されました。現在でも改訂版が使用されているビネー式の知能検査はその代表であり，作成者のBinet, A.は知的な状態の把握のためには反応速度などの基盤的な能力に着目するのではなく，より高次の処理過程を含む心理課題を準備する必要があると考えていたようです。ビネー式の知能検査は当初，児童の知的な障害の有無を切り分けることを目的としていましたが，その後，知能検査は，測定と集団内での相対的位置の把握という目的に対応する形へと発展していきました。さらに，Goddard, H. H.やTerman, L.といったアメリカの心理学者によって，徴兵時に，各人の知的な状態を簡便に序列化する目的で，集団で施行可能な知能検査が作成されました（言語性の課題のみを含む陸軍 α 式と言語を使用しないで施行可能な課題のみを含む β 式）。この陸軍 α 式と β 式の登場以後，知能検査や知能指数という考え方が一般にも普及していきます。

　知能を測定する具体的な道具の開発とともに，知能の構造について考え

1　Wundt, W.（1832年〜1920年）近代心理学の祖の一人と数えられ，ライプツィヒ大学に世界で最初の心理学実験室を開設したことで知られる。

る数学的な研究も発展しはじめます。Spearman, C. は，知能を，「一般因子」と呼ばれるあらゆる知的活動に共通して動員される要素と，「特殊因子」と呼ばれる個人ごとの学習と経験を反映する要素との2段階で説明する数学モデルを提案しました。他方，Thorndike, E. L. らは，心的な操作の違いに着目して，言語などのシンボルを扱う知能，対象物を扱う知能，対人関係を扱う社会的知能の3種類（因子）から成るのだと主張しました。彼らの論争は激しいもので，同時代を生きていた Wechsler, D. は，Spearman から一般知能，Thorndike から言語性知能と動作性知能という考え方を導入し，またすでに作成されていた陸軍α式およびβ式を参考にして，折衷的な立場で知能検査を作成しました。これが，現在，最も普及するウェクスラー式の知能検査です。ウェクスラー式の知能検査では，全検査 IQ のほかに，動作性 IQ と言語性 IQ が算出されてきましたが，それはこういった作成の経緯があるためです。2024 年現在，日本で流通する成人版のウェクスラー式知能検査は第4版（WAIS-IV）ですが，この版では，動作性および言語性 IQ という区分を廃止し，全検査 IQ に加えて，認知的側面ごとに言語理解指標（言語性 IQ に相当する認知側面の指標），知覚推理指標（動作性 IQ に相当する認知側面の指標），ワーキングメモリー指標，処理速度指標という5種類の合成得点が算出できる形に作成されています。また全検査 IQ からワーキングメモリー，処理速度という部分領域の認知機能尺度の影響を減じた一般知的能力指標も算出することができるようになりました。またウェクスラー式の記憶検査と組み合わせて，部分領域間や下位検査間の差としてのディスクレパンシー比較，強みと弱みの判定，プロセス分析といった個人差側面への臨床的な言及を可能とする構成へと改良されています。なお，児童版についてはすでに第5版に対応した日本語版が提供されており，やはり第4版以降，動作性 IQ ／言語性 IQ という名称は廃止されています。

さらに Wechsler と同じころ，Thurstone, L. L. が，言語理解，語の流暢性，数，空間，連想記憶，知覚速度，帰納的推理の7種類が並列に知能の基本因子として存在するのではないかと考えるモデル（多因子モデル）と，そのモデルに基づく知能検査を提案しました。Thurstone の考え方は Spearman のような一般因子を想定しないものです。さらに，Guilford, J. P. と Merrifield, P. R. は，そうした知識を構成する多因子が，知的操作，所産，領域の3面から成る立体構造をもつと想定し（知能構造モデル），そのモデルに基づく検査バッテリーを提案しました。以上のような経緯で開発された知能検査を

用いて，認知加齢が検討され始めます。なお，知能検査の開発の経緯や現代的な展開については Flanagan, D. P. と McDonough, E. M. 編（2018）の書籍に詳しいので参考にしてください。

2．横断的方法によって描かれた古典的な知能の加齢発達

　加齢に伴う知能の変化を調べようと考えたとき，最初に思いつく方法は，若年から高齢まで，さまざまな年齢の人々に協力してもらい，ある時期に一斉に検査をして，年齢層による成績の違いを比較する方法でしょう。こうした方法は，各年齢を横並びに検討するので，横断的（cross-sectional）方法と呼ばれます。初期の知能の加齢発達研究は，こうした横断的方法によって全般的な知能を年齢層間で比較し，その結果，知能検査の成績が 20 代～30 代前半の低年齢層に比べて 30 代後半以降の中高年齢層では段階的に低くなっていくことを見出しました（Schaie, 1959; Wechsler, 1958）。当時，こうした結果は，知能は歳をとると一元的に低下していき，その変化は避けることができないことを示す結果として，受け止められました。

　それに対して，Horn, J. L. と Cattell, R. B.（1966, 1967）は，少し異なった視点を提案します。彼らは，成人期以降の加齢発達に伴う知能の変化を記述するために，14～17 歳，18～20 歳，21～28 歳，29～39 歳，40～61 歳というグループに分けられた 297 名の協力を得て，知能の加齢に伴う推移を横断的に年齢層間で比較しました（Horn & Cattell, 1966, 1967）。Horn らは，Guilford と Merrifield の構成した検査バッテリーを利用し，ヒトの知能が，頭の回転の速さや推論力，思考の柔軟性を反映する「流動性知能（fluid intelligence）」と，ことばの理解や運用能力，経験を通して獲得される一般的な知識を反映する「結晶性知能（crystallized intelligence）」という独立性の高い 2 種類（因子）に分けられると主張しました。そして，用いたいくつかの下位検査項目を個別に検討し，流動性知能と結晶性知能とで異なる知能の加齢発達が認められると主張しました。図 1 に彼らの調査から得られた流動性知能および結晶性知能の年齢層別の成績を示します。確かに，彼らの主張する通り，両者は対照的な推移を示し，結晶性知能では中高年期になっても成績が保たれているのに対して，流動性知能は 21～28 歳以降，成績低下の一途を示すように見えます。

　こうした結果は，一枚岩ではなく複数の要素から成っている知能に対して，認知加齢はそれぞれ異なるパターンで現れてくる可能性に気づかせてく

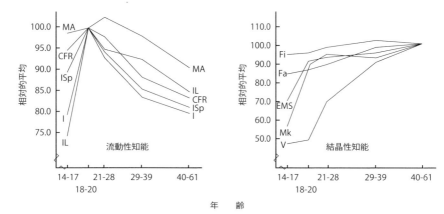

流動性知能：Associative Memory (MA), Figural Relations (CFR), Intellectual Speed (iSp), Induction (I), and Intellectual Level (IL)
結晶性知能：Ideational Fluency (Fi), Associational Fluency (Fa), Experiential Evaluation (EMS), Mechanical Knowledge (Mk), and Verbal Comprehension (V).

図1　Cattellらによる研究：流動性知能と結晶性知能の認知加齢
（Horn & Cattell [1966] を元にして作成）

れます。これらの結果について，Horn（1970）は，結晶性知能が教育経験や社会活動といった文化の影響を反映しており，中高年期にも低下しにくく安定的であるのに対して，流動性知能は中枢神経（脳）そのものの働きと強く結びついており，教育などの個人の経験の寡多によって揺らぐ余地がなく，加齢に伴い中枢神経の損傷が蓄積するとおしなべて低下をきたすのだろうと説明しました。Hornの流動性知能に対する考え方は，個人間の生活や経験の違いを超えて，「標準的な知能の加齢変化」の存在（古典的加齢パターン）を想定する立場です。こうしたHornの考え方に反対意見を表明したのが，Schaie, K. W. やBaltes, P. B. です。SchaieやBaltesの主張は大きく2点から成りました。第1は，調査法の適切さに対する疑義です。第2は，中枢神経の働きの低下を反映する中高年期の知能低下は，本当に「何ともならない」ものなのかという疑問です。この後者の疑問は，加齢という生理現象に私たちは積極的に関与することができるのではないかという発達観の登場を意味し（Baltes, et al., 1980），生涯発達心理学のものの見方考え方の基礎となっていきます。この疑問をもとに，知性の加齢発達のパターンに影響を与える高齢者の活動強度や社会活動の質の検討が展開されていきますが，その点については，本章のⅡ節にて詳しく解説します。

3．縦断的方法と系列法による新展開

　Flynn, J. R. は，「後に生まれた世代ほど知能検査で測定された知能指数が高い」という衝撃的な報告をしたことで知られます。アメリカ，日本など14の先進諸国で同様の現象が生じていることを報告し（Flynn, 1987），この現象の頑健さが認められたことから，今では，後に生まれた世代ほど知能検査で高成績を示す傾向のことを一般的に，「フリン効果」と呼んでいます（Trahan et al., 2014）。横断的方法では，一時にさまざまな年齢層の人々に知能検査を実施し，若い世代ほど知能検査の成績が高いというような結果を得ることができます。しかし，フリン効果が示しているのは，同じ50歳，同じ20歳でも後の世代になるほど知能検査の成績が向上しているということです。すなわち，ある年の10歳代〜60歳代を対象に知能検査を行って中高年ほど得点が低いことを明らかにするだけでは，年齢が高いことが知能に影響しているのか，前に生まれた世代だから得点が低いのかを区別できないことになります。こうした世代（cohort）による影響を除いて知的な加齢発達を観察する必要を，フリン効果ほど衝撃的な形でではないにしろ，Schaie（1965）やBaltes（1968）は先んじて指摘しています。そして，ある年に25歳だった群が40歳になり，60歳になるまで追跡して観察し続けるという新しい研究法を提案します。この方法は，対象を，年次を追って縦に追跡し続けるため，横断的方法に対して，縦断的（longitudinal）方法と呼ばれます。

　図2に，Baltes（1968）がシミュレーションした世代の影響が横断的方法による結果に表れる様を示しました。この図は，加齢に伴い，知能がいつまでも向上し続けるものと仮定したとしても，後に生まれた世代でより知能が高いという仮定を組み合わせると，ある年次に横断的方法で得られる結果は太線のような逆U字形となってしまい真の加齢発達を記述することはできないことを示しています。確かに，加齢に伴う知能の変化は，異なるコホートの差異を反映する横断的方法よりも縦断的方法での方が直接的に観察可能です。ただし，縦断的方法にも短所はあります。第1に，調査に大変長い時間がかかります。そのため，途中で調査から脱落する人が多く出ることになり，その影響を無視できません。第2に，定期的に同じ知能検査を繰り返すことになるため，正解を覚えてしまったり，検査場面に慣れてしまったりする学習の影響を無視できません。第3に，ひとつのコホートを追いかけるだけでは，その世代・その時代特有の発達を観察している可能性があります。

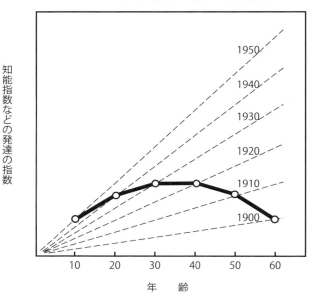

図2 横断的方法に及ぼすコホートの影響のシミュレーション（Baltes［1968］を元にして作成）

より結果を一般化して捉えるためには，複数の世代のデータを得ることが望ましいといえます。

そこで，Schaieらは横断的方法と縦断的方法を組み合わせた巧みな方法を用いて，繰り返し調査の影響やコホートの影響を取り除いてより一般化された知性の加齢発達の姿を描き出すやり方を提案します（Schaie, 1980参照のこと）。彼らが行った縦断研究（Seattle Longitudinal Study）は1956年からはじまりますが，そこでは，7歳刻みに25歳から81歳までの年齢層を横断的方法で調査したうえ，さらに1956から1998年まで7年おきに7度その調査が繰り返し行われました。つまり，1956年に25歳だった群，32歳だった群，39歳だった群と，81歳だった群まで一同に調査し，その上で，1956年に25歳だった調査参加者が32歳に達した7年後の1963年，39歳に達した14年後の1970年と，層化した群をさらに追跡調査していったのです（ただし追跡調査回で新しい標本が適宜追加）。こうした方法は系列法（sequential method）と呼ばれます。図3に，Schaieらによる長年の研

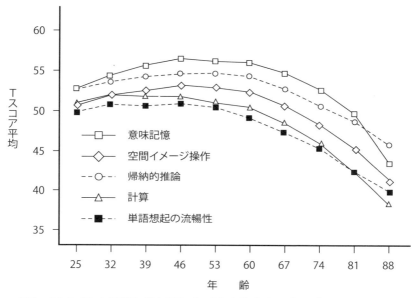

図3 Schaieらによる研究：検査項目ごとの認知加齢（Schaie［1994］を元にして作成）

究の結果，いろいろな関連要素を排除したうえで推定されるに至った知能の加齢発達曲線を示します。この曲線から，知能は，加齢に伴いステレオタイプ的なパターンをとって変化するものの，当初，考えられていたほど早い段階（成人後期）から衰えが生じるわけでなく，そのピークが中年期にあること（1991年現在のデータから作成された図3では53歳級）が見てとれます。また，言語想起の流暢性や計算力などのいわゆる流動性知能であっても，高齢前期ではそれほど成績低下が著しくなく，低下が加速するのは高齢後期に至ってからであることがわかります。

　最近では，世界的な長寿の進行を反映して，80歳，90歳といった超高齢者（oldest-old）や百寿者（centenariansin）を含めた認知加齢が研究されるようになっています。超高齢者の研究では，ここまでみてきたような量的な変化だけでなく，言語の理解力，頭の回転の速さ，構成や構造を理解する力などのうち，いずれの側面が，知能検査で測られるような「知能」を発揮するために意味をもつ能力側面（因子）なのかといった知能の構造についての加齢変化も検討されはじめています（Baltes & Mayer, 1999）。また，こうした超高齢者における知能の変動が，視聴覚の感度の衰えと強く関連し，感覚機能によって媒介されている可能性が指摘されています（common cause hypothesis; Lindenberger & Baltes, 1994)。しかし，超高齢者にアプローチできる研究者が限られていることや，疲れやすさや感覚器の衰えといった超高齢者の身体的な限界を考慮していかに高い精度で知能を推定するかといった方法論的な課題もあり，検討は十分ではありません。超高齢期を含めたヒトの知能の研究が進み，質的，量的に加齢発達が理解されていくのを，楽しみに待ちたいところです。

II 日常生活の問題解決能力としての知性

　ここまで見てきたように，知能，とりわけ計算力などの流動性知能が，当初考えられていたほど早い時期からではないにしろ，加齢に伴い成績低下していくことは普遍的な現象のようです。しかし，I節で取り上げた研究は既存の知能検査によって測られる認知側面だけを問題にしている点で限界があります。たとえば，言語想起の流暢性や計算力といった側面は，学童期から青年期には頻回に発揮する機会があり，若年者の学業成績や職業的成功を良く予測するため，彼らのものさしとして採用することに一定の意味があります。他方，学業や仕事から引退した後の高齢者にとっては，そもそもあまり用いる機会が少ない能力であり，彼らが日常生活や社会生活を円滑に送ることとの直接的な関係が判然としないため，高齢者の知的な適応状態を評価する指標として妥当かどうかに疑問が残ります。こういった生態学的な妥当性を考慮し，また高齢期になっても衰えずむしろ老いの中で円熟する心理社会的機能に注目することによって，熟達化や英知に着目する新しい認知加齢研究が展開されています。

1．英知（wisdom）
1）老いて円熟する知性とは何か

　Erikson, E. H. や Baltes は，「英知（もしくは，知恵；wisdom）」と呼ばれる側面に注目しました。英知は，Erikson の理論で取り上げられて以後，ヒトが老いを通して到達し得る心理・社会的機能の成熟の極みとして受け止められ，生涯発達研究の重要なテーマのひとつとなっています。Erikson ら（1988）によれば，「英知とは，死そのものを目前にしての，人生そのものに対する超然とした関心である。英知は，身体的精神的機能の衰えにもかかわらず，経験の統合を保持し，それをどう伝えるかを学ぶ」（朝長・朝長，

1990, p.37）といった全人的な構えのようなものです。中年期以降，人生の終わりが見えはじめ，死が意識されるような段階で，種々のライフイベントや事物に対して超然と関心を示し続けることは，想像するにはとても難しいように感じます。しかし，老いに伴うさまざまな変化に対処するなかで，それまでに培った幅広い知識をもとにして偏りのない柔軟な見方に移行し，英知が発揮されるようになっていると言うのです（Erikson, et al., 1997；村瀬・近藤，2001）。Eriksonの考え方については3章にて詳しく取り上げられますので，ここでは，この20年ほどで行われてきた英知についての実証的研究を紹介します。

　Ⅰ節でみてきたように，知能検査のようなものさしを用いて，認知加齢の喪失面を実証してみせることは容易です。しかし，慣れ親しんだ地域環境で生活する多くの高齢者には，そういった加齢に伴う知的な喪失が，急速に，直接的に，日常の問題解決困難として現れているようには見えません。これは，なぜでしょうか。Park, D. C. と Schwarz, N.（2000）によれば，「高齢者の認知システムを処理メカニズムと処理能力だけで考えることは『素人考え』である。前述したように，高齢者は状況に対する知識と経験の膨大な貯蔵をもっていることを認めることが重要である。この情報の多くのものに対するアクセスが生涯を通じて維持されるだけではなく，経験を積み新しい情報について学習を続けることにより，成長さえ望めるというデータがかなりある」（口ノ町ら訳，p.5）のです。日常生活から区切られた実験室的な環境においては，ヒトが長い経験を通じて蓄えるタイプの，環境や状況に特化した知性が発揮されにくくて当然です。特に，若年者に比べて，高齢者は新しい環境にすばやく適応して，認知課題で最初から高成績を上げるということを不得手とするという証拠が多くあります。他方，日常生活の問題解決能力としての知性は，Erikson, E. H. が見抜いているように，また，高齢者が慣れた環境で働くときには知的な喪失の影響が緩和されている事実が示すように，過去の経験や所有している知識を活かした全人的な判断力のようなものであり，いわゆる知能検査によって測られるような能力とは異なる認知加齢が想定され得るのです。

　2）熟達化と代償的プロセス

　老いとともに円熟すると聞いて，イメージされやすいのが，伝統工芸や伝統芸能といった場面で見られる高度な知識やスキルの獲得ではないでしょうか。その道のプロに認められる「熟達化（expertise）」は，まさに，「過去の経験や所有している知識を活かした問題解決能力」の発達そのものです。

こうしたスキルの加齢発達について検討した研究者たちは，老いに伴い遂行速度など個別の成分について喪失が生じるものの，複雑に構成された全体としてのスキルはハイレベルに保たれていることを見いだしています。例えば，Salthouse, T. A.（1984）は，現役の高齢タイピストたちが，若年タイピストたちに劣らない速度で正確なブラインドタッチができることを報告しています。面白いことに，高齢タイピストたちは，ひとつのキーをタッピングする速度（finger-tapping）は衰えているのですが，全体の仕事量や精度は充分に保たれているのです。すなわち，認知加齢による喪失的な側面がなんらかの形で，おそらく経験に裏付けられた多様な知的な資源を動員することで，補われているということです（代償的プロセス）。用いられる資源は，場面によってさまざまと考えられますが，例えば，高齢者は利用可能な外部の資源，その場にいる慣れ親しんだ協力者を効果的に利用しているのだという報告があります（Gagnon & Dixon, 2008 参照のこと）。加齢発達における経験の知の役割をより理解するために，日常生活に埋め込まれたいかなる条件が，実験室的環境とは異なる「よい影響」を高齢者に与え，ハイレベルの働きを可能としているのでしょうか。未だ，その条件については十分に検討されているとはいえません。「よい影響」の条件が理解されることは，高齢者にとって，知性を発揮しやすく，生活しやすい環境を提供することに繋がります。今後，特に，研究が望まれる一分野といえます。

3）Baltes の英知研究

Staudinger, U. M.（1994）は，英知を「人生で遭遇する根本的でむずかしい問題に熟達した知識（level of mastery of the basic pragmatics of life；鈴木，2008）」と定義し，英知の測定法を開発したうえで，その加齢発達を実証的に研究しています。彼らが提案した手法は，人生上の問題に関するシンク・アラウド（thinking aloud）法，もしくは発話プロトコル分析といえるもので，「架空の人物の人生上の問題を設定し，その問題解決の方法について，判断に対する思考過程も含めて口頭で回答させ，その回答内容を分析する」といった方法です。問題としては，「15歳の少女が結婚したいといっています。あなたはそうしたケースについてどのように考え，どのように対応しますか」といった例があげられます。こうした問題に対して，研究参加者が回答した内容を，以下の5種類の認識の現れ方に着目して，それぞれ7段階で評価していきました。おおよそ5側面すべてについて5点以上であるような発話が「英知に満ちたプロトコル」と判断されます。英知に満ちたプロトコルの5

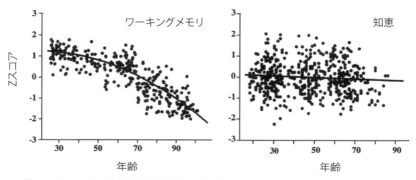

図4 Baltes による研究：知恵と年齢の関係（Baltes & Staudinger［2000］を元に作成）

種類の基準とは，

  a）人生と生涯の発達を見通した事実認識
  b）生涯を見通した発達の方略に関する認識
  c）生活している文脈やそのダイナミズムに関する認識
  d）価値の相対化や寛容さに関する認識
  e）不確かさの気づきや調整を示すような認識

でした。この測定法は，これまでの英知の実証的研究でしばしば用いられており，日本語版も作られて（高山ら，2000），日本人を対象とした研究も行われています。

こうして測定された「英知に関連する課題成績（wisdom-related performance）」は，図4のような分布を示し，加齢に伴って一律に成績向上するというような傾向は認められていません。高齢期になっても衰えずむしろ老いの中で円熟する心理社会的機能があるだろうと期待していた生涯発達心理学者たちにとっては少々残念な結果であったと言えます。しかし，同時に示されたワーキングメモリの課題成績の分布と比較すると（図4），加齢に伴って一律に成績低下を示さず，高齢になっても成績をよく保持している対象が存在しています。この点に，英知に関する課題の特異性を見て取れるのではないでしょうか。さらに，Baltes らは，こうした成績のばらつきがパーソナリティ尺度の得点で十分に説明されないことや，知能検査の得点によっても十分に説明されないこと，また心理士などの対人専門職において英

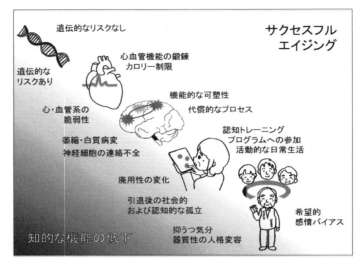

図5　神経認知機構の加齢発達に影響するいろいろな要因
（Reuter-Lorenz & Lustig［2005］を元にして作成）

知に関連する課題成績が高いことを指摘しています。これらのことは，英知が，知能の高さや円満な性格などとは異なる，より熟達化された，ダイナミックな情報処理の構えであることを傍証しています。

2．ライフスタイルと認知加齢

　熟達化の研究を踏まえて加齢発達を見直すと，生きる環境の違いを超えて標準的な発達を想定することの難しさが了解されてきます。初期の加齢研究が想定していた「個人間の生活や経験の違いを超えて標準的な知能の加齢変化が存在する（古典的加齢パターン）」という立場は，高齢期の知的な発達の奥行きを説明しきれていないようです。最後に，知能の加齢発達の個人差について考え，老いた後の知的機能に影響するライフスタイル上の要素を検討する研究の動向について紹介します。

　加齢発達の個人差研究を後押しした大きなきっかけが，Rowe, J. W. とKahn, R. L.（1987）による「サクセスフル・エイジング」概念の提案でした。彼らは，「1）病気や障害を持たない，また，そのリスクが少ないこと，2）高い身体機能と認知機能を維持していること，3）ライフへの積極的関与：人とつながりを持って，周りの人たちや社会に役立つ活動に従事し，いきいきと生きているということ」（秋山訳，p.160）の3要件を満たすような老

いの姿を「サクセスフル・エイジング」と位置づけました。そして，このRoweとKahn型のサクセスフル・エイジングを達成するための条件が研究されたのです。このうち，2）を達成するための条件の研究は，まさに，知的側面の加齢発達の姿がなぜ個人間で異なるかを追求することでした。

 1）身体機能の影響

加齢に伴って起こる身体機能の変化が，知能の大きな個人差を生じさせることが知られています。第一に加齢に伴って，脳の器質的な変化が生じます。具体的には，脳全体の萎縮や神経細胞の脱落，神経細胞間の連絡の減弱化などが観察されます。特に，高齢期に高い頻度で生じる脳の変性性疾患は，こうした変化を病的に生じさせ著しい認知機能低下を引き起こします（詳しくは第6章参照のこと）。また，心臓や血管の病変を有している高齢者はそうでない高齢者に比べて認知機能検査の成績が低いということが知られています。心臓や血管の病変は高血圧，高脂血症，糖尿病といった生活習慣病との関連が強いことから，こうした病気にならないように若年期から連続的に，適度な運動や偏りのない栄養摂取といった健康行動に気を配り続けることが，老いて後の個人差を生むのだと理解されています（Livingston, et al., 2020）。

 2）教育歴の影響

知的なサクセスフル・エイジングは，身体機能だけでなく，社会環境の影響を受けていることもわかっています。特に，職歴や教育歴は老いて後の知的側面に与える影響の大きさから頻回に研究対象とされ，「認知的予備力」（cognitive reserve）という現象が報告されています（Stern, et al., 2009を参照のこと）。一般に，高学歴群は，低学歴群に比べて，知能検査の成績が高く，記憶課題などで成績低下が生じ始める時期がより先送りされるというのです。中でも，Snowdon（2001）によるアメリカ在住の修道女たちを対象としたアルツハイマー病発症に関する縦断的研究（Nun Study）は世界的に高い評価を受けています。というのも，修道女たちは，比較的若いうちから修道院という画一的な生活環境を共有しており，社会文化的な環境の差をあまり考えに入れずに結果を見ることができるからです。この研究では，定期的な知的機能の評価と死亡後の脳の解剖検討が行われ，その結果として，生物学的な年齢が高いにも関わらず認知機能が高い水準に保たれ死亡後に観察した脳にも変化の少ないケースがあること，アルツハイマー病による変性が脳に認められるにもかかわらず知的機能の評価では異常が指摘されないケースがあることなどが報告されました。こうした認知的猶予現象の

原因として，老いてからも知的に生産的な活動を続けていることや，若い頃からの教育水準の高さや仕事の複雑さによって培われた脳の予備力が知的機能に対して保護的に働いた可能性が指摘されています。教育水準を高めることは，今では認知症の予防策の一つとして認められています（Livingston, et al., 2020）。

　3）介入の可能性

　最近では，認知加齢という生理現象に私たちが積極的に関与することができるのではないかという視点に立って，高齢期の認知機能を訓練する試みが行われています。こうした認知加齢に対する介入研究には，大きく3種類あり，有酸素運動や栄養改善による生理的状態の改善によって認知機能の保存を目指す研究，記憶力や処理速度といった特定の認知機能をトレーニングすることを目指す研究，特定の認知機能のトレーニングによって生活全体の活動レベルを向上させ認知症の発症予防や進行抑制を目標に掲げる研究があります（Papp, et al., 2009 を参照のこと）。また個人の必要に沿った心理社会的な介入によって，神経・精神症状を管理することの重要性に関する報告もあります（Livingston, et al., 2020）。その代表的な研究が，アメリカにおいて健康な高齢者を対象として行われた認知的訓練による介入研究でしょう（ACTIVE study；Jobe, et al., 2001）。ACTIVE study を含めて，こうした研究の一部では，高齢期の認知的な訓練が短期的，長期的な認知機能の維持に効果があり，高齢者の自立促進に役立つとする結果を報告しています。しかし，その一方で，訓練した認知機能は保持，向上するものの，認知症の発症や進行の抑制には効果がないとする否定的な結果も得られており，認知的な訓練の対象がもともと抱えている身体的，認知的，社会的な特性と訓練効果との関係が，議論されつつあります。

　脳イメージング法によって課題遂行中の中枢神経の働きを観察した研究は，高い機能を保つ高齢者では，若年者や低成績の高齢者には生じていない前頭葉の両側の活性が認められることを報告しています（例えば，記憶課題について；Cabeza, et al., 2002）。こうした研究の成果は，高齢に至っても高機能を保存する個人が加齢による知的な衰えを，何らかの形で前頭葉の働きによって代償するやり方を獲得している可能性を示し，大変興味深いものです。確かに，こうした高機能の高齢者が，長い人生のなかで前頭葉を使うようにトレーニングされてきたひとなのか，それとも高齢になってから環境に適応するような脳の改変を成し遂げたひとなのかは未だはっきりとしていません

(Park & Reuter-Lorenz, 2009 を参照のこと)。しかし，中枢神経が，加齢による衰えを補償するために自然に立ち上がってくるような代償的プロセスを発揮する余地を備えていることは確かなようです。ただ衰えるわけではない認知加齢のダイナミックな変動の存在を意識しておきたいものです。

おわりに

　発達というと，青年期くらいまでで，その後は成長せず，喪失の連続であるかのように捉えられがちです。しかし，心理学では，発達を生涯にわたる適応過程と捉え，生涯発達し続けるという考え方が主流になっています。異なる環境で生きる一人ひとりにとって，ふたつとして「まったく同じ発達」はあり得ません。生物学的な加齢の進行に応じて典型的に喪失する感覚機能や知的機能の存在を受け入れつつ，自身の与えられた環境により適応していくためにどのように経験や知性を発揮してゆくのか。Erikson は，彼の提案した発達段階について，「こういう道筋があるのか」と後世のひとが先人から学ぶためのガイドブックのようなものと説明しています。ここまで見てきたような知性の加齢発達に関する知識・認識（knowledge）が，一人ひとりの高齢者と接する際，彼らが生活の中で日々展開している新しい知性のきらめきに注目するきっかけとなり，また，これから老いていく自らのガイドとして読者に役立てられることを願います。

文　献

秋山弘子（2008）シンポジウム「超高齢社会と臨床心理士」社会心理学（老いと社会）から．In：日本臨床心理士資格認定協会20周年記念事業委員会編：臨床心理士の歩みと展望．誠信書房．

Baltes, P. B., & Mayer, K. U. (eds.) (1999) The Berlin Aging Study: Aging from 70 to 100. Cambridge; Cambridge University Press.

Baltes, P.B. (1968) Longitudinal and cross-sectional sequences in the study of age and generation effects. Human Development, 11, 145-171.

Baltes, P. B., Reese, H. W., Lipsitt, L. P. (1980) Lifespan developmental psychology. Annual Review of Psychology, 31, 65-110.

Cabeza, R., Anderson, N. D., Locantore, J .K., et al. (2002) Aging gracefully: Compensatory brain activity in high-performing older adults. Neuroimage, 17, 1394-1402.

Erikson, E. H., Erikson, J. M., Kivnick, H. Q. (1988) Vital Involvement in Old Age. New York; Norton.（朝長正徳・朝長梨枝子訳（1990）老年期―生き生きしたかかわりあい．み

すず書房.）

Erikson, E. H. (1997) Life Cycle Completed (Expanded version with new chapters on the ninth stage of development by Erikson, J. M.). New York; Norton. （村瀬孝雄・近藤邦夫訳（2001）ライフサイクル：その完結（増補版）. みすず書房.）

Flanagan, D. P., McDonough, E. M. (eds.)（2018）Contemporary Intellectual Assessment: Theories, Tests, and Issues, Fourth Edition. The Guilford Press.

Flynn, J. R. (1987) Massive IQ gains in 14 nations: What IQ tests really measure. Psychological Bulletin, 101, 171-191.

Gagnon, L. M., Dixon, R. (2008) Remembering and retelling stories in individual and collaborative contexts. Applied Cognitive Psychology, 22, 1275-1297.

Horn, J. L., Cattell, R. B. (1966) Age differences in primary mental ability factors. Journal of Gerontology, 21; 210-220.

Horn, J. L., Cattell, R. B. (1967) Age differences in fluid and crystallized intelligence. Acta Psychologica, 26, 107-129.

Horn, J. L. (1970) Organization of data on life span development of abilities. In: Goulet, L.R., Baltes, P. B. (Eds.): Life-span Developmental Psychology: Theory and Research. New York; Academic Press, pp.424-467.

Jobe, J. B., Smith, D.M., Ball, K., et al. (2001) ACTIVE: A cognitive intervention trial to promote independence in older adults. Controlled Clinical Trials, 22, 453-479.

Lindenberger, U., Baltes, P.B. (1994) Sensory functioning and intelligence in old age: A strong connection. Psychology and Aging, 9, 339-355.

Livingston, G. H., Huntley, J., Sommerlad, A., et al.（2020）Dementia prevention, intervention, and Care: 2020 report of the Lancet Commission. The Lancet Commissions, 396 (10248), 413-446.

Papp, K.V., Walsh, S.J., Snyder, P.J. (2009) Immediate and delayed effects of cognitive interventions in healthy elderly: A review of current literature and future directions. Alzheimer's & Dementia, 5, 50-60.

Park, D.C., Reuter-Lorenz, P. (2009) The adaptive brain: Aging and neurocognitive scaffolding. Annual Review of Psychology, 60, 21.1-21.24.

Park, D.C., Schwarz, N. (eds.) (2000) Cognitive Aging: A Primer. Philadelphia; Psychology Press, pp.131-149. （口ノ町康夫・坂田陽子・川口潤監訳（2004）認知のエイジング：入門編. 北大路書房.）

Rowe, J.W., Kahn, R.L. (1987) Human aging: Usual and successful. Science, 237 (4811), 143-149.

Salthouse, T.A. (1984). The skill of typing. Scientific American, 250(2), 128-135.

サトウタツヤ（2006）IQを問う：知能指数の問題の展開. ブレーン出版.

Schaie, K.W. (1959) Cross-sectional methods in the study of psychological aspects of aging. Journal of Gerontology, 14, 208-215.

Schaie, K.W. (1965) A general model for the study of developmental problems. Psychological Bulletin, 64, 92-107.

Schaie, K.W. (1980) Intelligence and problem solving. In: Birren, J.E., Schaie, K.W. (Ed.): Handbook of Mental Health and Aging. Englewood Cliffs; Prentice-Hall.

Schaie, K.W. (1994) The course of adult intellectual development. American Psychologist, 49 (4), 304-313.

Snowdon, D. (2001) Aging with Grace: What the Nun Study Teaches us about Leading Longer, Healthier, and More Meaningful Lives. New York; Bantam Books.

Staudinger, U.M., Smith, J., Baltes, P.B. (1994) Materialien aus der Bildungsforschung Nr. 46: Manual for the assessment of wisdom-related knowledge. New York; Teachers College Bureau of Publications.

Stern, Y. (2009) Cognitive reserve. Neuropsychologia, 47 (10), 2015-2028.

鈴木忠（2008）生涯発達のダイナミクス．東京大学出版会．

高山緑・下仲順子・中里克治ほか（2000）知恵の測定法の日本語版に関する信頼性と妥当性の検討．性格心理学研究, 9, 22-35.

Trahan, L. H., Stuebing, K. K., Fletcher, J. M., & Hiscock, M. (2014). The flynn effect: A meta-analysis. Psychological Bulletin, 140 (5), 1332-1360.

Wechsler, D. (1958) The Measurement and Appraisal of Adult Intelligence (4th ed.). Baltimore; Williams & Wilkins.

高齢運転者への対応

河野直子

図1　高齢運転者標識（左：1997年～2011年1月使用のデザイン，通称もみじマーク。右：2011年2月以降使用の新デザイン，通称四つ葉マーク）

　あなたは図1のマークをみかけたことはあるでしょうか。日本の法律は，70歳以上75歳未満のひとは「加齢に伴って生ずる身体機能の低下が自動車の運転に影響を及ぼすおそれがあるとき」に，75歳以上では全員に，この標識をつけて普通自動車を運転するよう努めることと定めています（2024年10月現在；道路交通法第71条の5第3～4）。老いて心身が変化することと自動車運転の適性の間にはどのような関係があるのでしょうか。

　高齢者は，他の世代に比べて，運転中の事故で多く死亡すると報告されています。その背景には2つの理由があります。第1に，75歳以上の高齢運転者では走行距離あたりの事故発生回数が中年運転者に比べて高いこと，第2に，高齢運転者は若年運転者に比べて身体が弱く，同じような事故に遭った際，重症になりやすいことです。そして，視覚，運動機能，認知機能の3種類の問題が高齢運転者の事故発生と関係すると指摘されています。

　視覚については，老いとともに，ものをくっきりと捉えている「中心視野」の視力が低下するだけでなく，視線の周囲に広がる周辺視野への注意が疎かになったり，夜目の効きにくさや眩しさへの過敏が生じたりして，運転しづらくなります。運動機能については，運転に必要な手足の筋力や安定した重心，持久力に加え，とっさに正確な反応を行うための柔軟性や身体感覚などが老いに伴い低下します。当然ながら，これらの条件には個人差がありますが，70歳を過ぎた頃から，やはり，それぞれ気をつけて見ておく必要があるでしょう。

　高齢運転者の死亡事故が増える中，特に関心を集めている問題が認知機能と運転適性の関係です。2009年6月から，75歳以上の者が普通自動車の運転免許を更新する際に認知機能検査等を受けることが必要になりました（ただし認知機能検査等を受ける必要がないものとして内閣府令で定める場合を除く：道路交通法第101条の4）。2022年からは一定の違反歴のあるひとには運転技能検査等も義務付けられています（同法同条の4）。こうした制度が導入された背景には，アルツハイマー病や前頭側頭変性症，脳血管障害などによる認知症の高齢者では，そうでない高齢者と比べて，運転中の事故の危険が2.5倍程度高いとする研究結果があります。そのため多くの国で，「医療従事者は，中等度以上の認知症者に運転中止を勧告すべき」という考え方が受け入れられています。ただし，運転の継続は，移動手段を確保して社会活動を維持するために重要ですし，高齢者の自立心や自尊心と結びついたデリケートな問題です。ごく早期の病変と危険運転の関係については，未だ十分な研究が積み上げられていないこともあり，本人や家族の要望と危険との両面に広く配慮をした対応が望まれます。

追記：アメリカ医学会が米国の高速道路交通安全事業団と共に提供している『医療従事者のための高齢ドライバーの評価と診療ガイドライン　改訂第4版』（American Geriatrics Society & A. Pomidor, Ed. (2019) Clinician's guide to assessing and counseling older drivers, 4th edition. New York: The American Geriatrics Society.）を，無料でダウンロードし，参考にすることができます（2024年10月1日現在）。

第3章
パーソナリティと適応の姿

中原睦美

はじめに

　老いると「頑固」「保守的」あるいは「非生産的」「出不精」になるなどの老年の神話が長く信じられてきました。しかし，パーソナリティはその人が生まれ育った時代背景や社会環境，社会通念に影響されやすく，ピック病などの器質性疾患を除くと，若い頃から一貫している面が多いとされます。素質と環境因の論争を経て，近年はその安定と変化の要因が注目されています。老年期の適切な理解や支援のためにも新たな知見が期待される学問領域です。

I　パーソナリティの定義

　パーソナリティの概念には，人格，気質，性格，態度，役割などがあり，図1に示す構造になります。外側の円になるほど環境や経験による影響が大

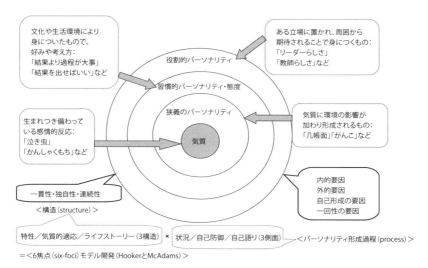

図1　パーソナリティの構造（structure）
（山田（2000），Hooker と McAdams（2003）を元に中原が加筆して作成）

きくなります。定義は，Allport, G.W.（1961）の「個人を特徴づけている行動と思考とを決定するところの精神・身体的システムであって，その個人の内部に存在する力動的組織」など諸説あり，一般的には「人の広い意味での行動（行動，言語表出，思考活動，認知や判断，感情表出，嫌悪判断など）に時間的空間的一貫性を与えているもの」とされます（心理学辞典）。また，パーソナリティは，内的要因，外的要因，自己形成の要因，一回性の要因など環境や対人関係での適応過程を通して形成されます（詫摩，1990）。

II　パーソナリティ研究

　パーソナリティ研究には，Kret.chmer, E. の「体格と気質」などの類型論と，Allport, G. W. や Cattell, R. B, Eysenck, H. J. らの特性論があります。類型論はパーソナリティ全体の把握がしやすい反面，移行型や中間型が無視されたり，成長・変化が見落とされたりしがちです。特性論は分析的・質的に把握できる反面，個人の全体像が見えにくく断片的になりがちです。そのため類型論と特性論を統合する試みから5因子理論（Big-Five）が考案されています（McCrae & Costa, 1987）。

III　パーソナリティの代表的な理論

　Freud, S. は精神分析理論の立場から，パーソナリティはイド（エス）・自我・超自我の三分節からなる構造論を提唱し，Jung, C. G. は分析心理学の立場から外向－内向のタイプ論を提唱しました。Lewin, K. はゲシュタルト心理学の立場から場の理論を提唱しました。Sears, R. R., Dollard, J., Miller, N. E., Bandura, A. は，学習理論に基づいた理論を組み入れ，Rogers, C. R. は，自己概念に焦点をあてた人格理論を展開し，個人に内在する成長エネルギーの存在を主張しました。パーソナリティの研究法は，横断法と縦断法がありますが，出生年代の違い（コホート差）などの問題があり，それを補完すべく Shaie, K. W. が系列法を考案しました。

IV　老年期に関するパーソナリティ理論

1．Erikson の人生の生涯発達理論

パーソナリティと適応の姿　第3章　45

老年期Ⅷ								統合 vs 絶望 (英知)
成人期Ⅶ							生殖性 vs 停滞性 (世話)	
前成人期Ⅵ						親密性 vs 孤立 (愛)		
青年期Ⅴ					同一性 vs 同一性混乱 (忠誠)			
学童期Ⅳ				勤勉性 vs 劣等感 (適格)				
遊戯期 Ⅲ			自主性 vs 罪悪感 (目的)					
幼児期前期 Ⅱ		自律性 vs 恥，疑惑 (意志)						
乳児期 Ⅰ	基本的信頼 vs 基本的不信 (希望)							

（　）は基本的強さを示す。課題の漸成状況によってセルのサイズは変容する。

図2　Erikson の心理社会的危機（Erikson, E. H.（1982；村瀬ら訳）より引用）

　Erikson, E. H.（1982）は人生の発達段階を8つに分けました（図2）。老年期にあたる第Ⅷ期の発達課題は「統合と絶望」とされ，この期の発達的様相は，ますます個人差が顕著になります。行動の緩慢化をはじめとする身体的能力の低下，特に視覚，嗅覚，味覚の低下などの感覚組織の変化，社会的役割の減少など能力低下が大きくなります。これらは欲求不満や絶望感を高めるため，英知のもとに過去の自己と老年期にある現在の自己をいかに統合していくかが重要な課題となります。ここでいう統合とは，人生における事象は肯定・否定を含め「自分の人生」である事実を受け容れ，死に対してそれほどの恐怖感をもたずに向き合える能力を意味するものです。この期の課題の中心過程は内省とされます。人生を振り返り，自己評価するなどのダイナミックな回顧の過程が営まれることで，自己概念に連続性が生まれ，統合に向かうとされます。

2．Baltes の「第4世代」と Erikson & Erikson の「第9段階」

　超高齢者の増加に伴い，老年期には幅が生じ超老年期とより若い老年期とは異なる視点が必要となります。生涯発達心理学の提唱者である Baltes, P. B.（1997）は，85歳以上の人々を「第4世代（Fourth age）」と命名しました。そこでは中・高年世代の第3世代では目立たなかった結晶性知能や自律性が低下し，満足度の低下と孤独感が増え，多様な喪失体験を重ねるなかで悲観

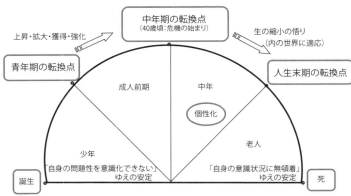

図3　Jung のライフサイクル論（Staude, J-R.（1981），鈴木乙史（2003）を元に中原作成）

的にならざるを得ない側面が指摘されています。Erikson（1982）が提唱した老年期の課題である統合を獲得した人にもさらなる心身機能低下や死の不安などの葛藤が生じ，新たな課題に向き合うことになります。これは Erikson, E. H. と Erikson, J. M.（1997）が新たに提唱した 80 歳代後半から 90 歳代について設定した「第 9 の段階」と重なります。ここでは，第 1 段階の発達課題である「基本的信頼感」の再獲得が必要とされます。そして，この段階を越えると '老年的超越（gerotranscendence）' の獲得につながるとされます。

3．Jung の発達理論

　Jung, C. G.（1946）はライフサイクルの概念を提唱し，人生を太陽の運行になぞらえ少年期（誕生〜 12 歳），成人前期（12 〜 40 歳），中年期（40 〜 65 歳），老人期（65 歳〜死）の 4 段階に分け，青年期・中年期・人生末期の転換点を提示しました（図 3）。Jung はとくに中年期に着目し，「個性化」の重要性を述べています。また，老年期は少年期と同じく他者に依存する時期であり問題がない時期としています。

4．Havigurst と Peck の発達理論

　Havigurst, R. J.（1953）は，老年期の課題として，①肉体的な力と健康の衰退に適応すること，②隠退と収入に適応すること，③配偶者の死に適応すること，④自分の年ごろの人々と明るい親密な関係を結ぶこと，を挙げ，男性女性各々の課題を挙げています。Peck, R.（1968）は，①定年退職に伴う

ステイタスシンボルの喪失，②身体的な苦痛体験の増加，③死の予測，などの危機を挙げ，通過するための鍵を例示しています。

5．近年の老年期のパーソナリティ研究

パーソナリティの変化する面は生涯発達心理学の「個人内変化の個人差」の概念で捉えられ，変化の幅は個人の特性によって異なる（Mroczek, et al., 2005）など個別性が重視されはじめています。CarverとScheiner（1982）をはじめ，5因子理論の問題点をもとに対人交流と生涯を通した生活の文脈（life context）の重要性を強調した発達制御理論（developmental regulation）などがあります。また，Hooker, K.とMcAdams, D. P.（2003）は，特性的研究と社会・認知的研究法を組み合わせ，「構造」「過程」に各3側面を導入し6焦点（six-foci）理論（図1参照）を展開しています。Nishita, Y.ら（2016）は，5因子理論と認知機能の関係を検討するなど，視点が広がっています。

Ⅴ　老年期の適応

1．加齢に関する適応理論の変遷

1）「年をとる」ことの理論の流れ：加齢現象をどうとらえるか

老年とは，有機体の老いた状態あるいは加齢した状態を指し，人間以外も対象です。老化（加齢，エイジング）はagingの訳です。中年期の終わりから老年への移行期が老年期の始まりとなります。

Woodruff-Pak, D.（1987）は心理学とエイジング分野の研究について4期に分けています。第1期はエイジング研究着手の時代で「低下モデル」ですが，第2期はHorn, J. L.とCattell, R. B.（1967）が結晶性知能と流動的知能の差別化を提唱し「加齢＝低下という一元論は単純すぎる」とする考えに変容します。第3期の60年代後半から70年代は，老年期の心理機能を社会の力でより向上させようとする「介入モデル」です。第4期の80年代に入るとPascal-leone, J.らの新ピアジェ派やBaltesらの新機能派などが，生涯発達の観点から「発達モデル」を提唱しています（高橋，2010）。

2）老年期の適応とは：適応理論の流れ

老年期の適応理論は，当初は職業に比重がおかれ，老年期は引退前の活動水準の維持を推奨する活動理論（active theory）に基づく価値観が一般的で

した。その後，Cumming, E. と Henry, W. E.（1961）は，引退後は徐々に社会との関わりが減じていき，社会参加の水準が低くなるほど個人の幸福感が高いとする離脱理論（disengagement theory）を提唱しました。Neugerten, B. L. ら（1968）は，2つの理論はいずれも適切ではなく，その適応度はパーソナリティと行動との関数であるとしました。Atchley, R. C.（1989）は，老年期の人々は自身の過去の経験やこれまでに果たしてきた社会的役割を活かすような選択を行い、社会もそれによって安定するという継続性理論（Continuity Theory；持続理論とも訳す）を提唱しました。第三の理論と呼ばれ，サクセスフル・エイジング（幸福な老い）の概念につながります。そして，主観的幸福感（subjective well-being）をはじめ，'well-being' をめぐる研究が多面的に進められ，社会的側面では，Kahn, R. L. と Antonucci, T. C.（1980）による役割の観点から老年期のソーシャル・ネットワークをモデル化した「コンボイ・モデル」がよく知られています。

また，加齢に伴うさまざまな精神機能や身体機能の低下，喪失体験などのネガティブな状況が続くなかにおいても主観的幸福感は維持されるという「エイジング・パラドックス（aging paradox）」が注目されるようになりました。Baltes, P. B. と Baltes, M. M.（1990）は，発達過程は成長と老化の力動のなかで進行し，獲得と喪失の相互作用であるとみなし，その適応方略を，現状に合わせて狭い領域を選択し（lossbased selection），そこで資源の最適化の機会を増やし（optimaization），機能低下を補う方法や手段を獲得するという補償（compensation）の3つの方略によって，適応的な発達が可能であるとする選択最適化補償理論（Selective Optimization with Compensation; SOC，補償による選択的最適化理論とも訳す）を提唱しました（佐藤，2008, 2022）。Carstensen, L. L.（2006）は，社会心理学の立場から加齢に伴い，社会的関係はより選択的になり，感情経験や人間関係をより重視するようになるという社会情緒的選択性理論（Socioemotional Selective Theory; SST）を提唱（佐藤，2022）しています。

3）プロダクティブ・エイジング：加齢現象と創造性

低下モデルでは，創造性は30代後半から40代前半にピークを迎え，その後急速に低下する（Lerman, H. C., 1953）という観点から，老年期は非生産的であるとされてきました。Simonton, D. K.（1988）の実証研究では，健康や環境に恵まれている場合，質の高い作品や業績が生み出される割合は加齢と共に変化しないという「成功一致モデル（constant-probability-ofsuccess model)」が提唱されました（佐藤，2008）。

創造的活動は，老年期では生活満足度や病気への防衛力を高め，生きがいや死への不安を緩和するとされます。健康や環境に恵まれている場合，生産性や創造性が発揮され，創造的加齢（プロダクティブ・エイジング）につながる現象も見られます。ピカソや宇野千代らは死の直前まで創作活動を行っており，作曲家の研究では，晩年に調和と統合が結晶したような作品が生み出されるという「白鳥の歌」現象（Simonton, 1989）が知られています。また，最晩年のモネの『睡蓮』や葛飾北斎の『怒濤図』は象徴性が高く，Tornstam, L.（2005）が提唱する'宇宙意識'（表1）が連想されます。同じく北斎の『富士越龍図』はあの世への出立が連想されます。とはいえ，プロダクティブの側面ばかりが強調されすぎると，「できる－できない」の二分法に陥り，できない人がエイジズム（年齢差別）に曝される懸念があります。老いの意味づけは，その社会が持つ人間観を映しているのではないでしょうか。

4）老年的超越理論

Tornstam は，2005年に「老年的超越（gerotranscendence）」を提唱します。これは前述した離脱理論を捉え直し，加齢に伴う社会的関係の縮小に合わせた価値観や行動特性を身につけるようにする，という高齢者の宇宙的・超経験的観点から把握を試みるものです。社会と個人との関係，自己概念の変容，宇宙的意識3つの次元で生じるとされます（表1；増井，2008）。増井（2016）や権藤（2019）は，Tornstam の3側面に加え，日本人の特徴を反映しているとする「無為自然」を加えた老年的超越尺度（Japanese Gerontranscendence Scale; JGS）を作成し，超高齢期における老年的超越尺度得点と幸福感の相関を報告しています。

5）つながりの視点

老人会や各種クラブなどには，人との関わりを楽しむ姿が見られます。堀（2010）は，高齢者大学受講生対象に1998年と2008年の10年間の高齢者大学の機能変化に関する調査を行っています。その結果，2008年には学習内容や教養とは独立して「仲間とのつながり」という人間関係が重要な要因に変化していたとしています。他の研究でも物理的・心理的な他者とのつながりの重要性が指摘されています（中原，2005；中川ら，2011；Sakurai et al., 2018）。

50　第1部　老い

表1　Tornstamの老年的超越理論（Tornstam（2005），増井（2008）を元に中原が表作成）

宇宙意識（The Cosmic Dimension）	自己概念（The Dimension of the Self）	社会と個人の関係（The Dimension of Social and Personal Relationship）
時間と幼児期（Time and Childhood）：時間の定義が変容し，過去と現在の境界に超越が生じる。	自己直面化（Self-confrontation）：これまで気づかないでいた自己の良い面や悪い面が見出される。	関係性における意味と重要性の変容（Changed Meaning and importance of relations）：孤独への欲求が増え，表面的な関係は軽視され，選択的になる。
若い世代とのつながり（Connection to earlier generations）：展望が変容し，愛着が増加し，個人より人生の流れのつながりを感じる。	自己中心性の低下（Decrease in self-centeredness）：自分の世界のみでの自己中心性から超越し，自己概念に変容が生じる。自尊感情が低い場合は相応しい自信をつける努力が求められる。	役割行動（Role Play）：新たに人生における重要な役割について理解し，そうでないと判断された役割や地位は手放す。
生と死（Life and death）：死の恐怖は消失し，生と死は新たに包括された意味を帯びる。	身体的超越性の発達（Development of body-transcendence）：引き続き身体的ケアは必要だが，個人によって強迫的に行われるものではない。	解放された無邪気さ（Emancipated innocence）：不必要な社会的慣習を超越した新たな受容性のもと，円熟した無邪気さが増す。
人生の神秘的要素（Mystery in life）：人生の神秘的要素が受容される。人類全体の一体感，神の意志を感じる。	自己の超越（Self-transcendence）：利己主義から利他主義へ転換する。人間に固有の現象かもしれない。	最新の禁欲主義（Modern asceticism）：富や従来の「禁欲主義」から解放され，人生において必要なものはほどよく持とうとするがそれ以外は必要としない。
歓び（Rejoicing）：自然における経験に関連して宇宙的体験について歓びを感じる。	自我の統合（Ego-integrity）：個の存在はジグソーパズルのピースでなく全体性であることを悟る。静穏と孤独が必要な繊細な段階といえる。	あらゆることに賢明（Every wisdom）：寛大さと耐性が増加し，判断すべきことは表面的な正－誤の二元論を超越して識別される。

2．老化への適応とパーソナリティ研究

　Reichard, S. ら（1962）は，55歳から87歳の男性87名の性格をもとに性格類型を提示しています（表2）。Ryff, C. D.（1989）は，老年期のよりよい適応状態には成熟したパーソナリティの必要性を述べ，①自己を受容す

表2　Reichardらによる老年期のパーソナリティ類型
（Reichard, et al.（1962），佐藤（2010）を元に中原が表作成）

円熟型：過去の自己を受容し未来への現実的な展望のある統合されたタイプ (The Mature)	
安楽椅子型：受動的消極的な態度で現実を受容するタイプ (The Rocking-Chair Men)	
装甲型：老化への不安に対し，強い防衛的態度で臨み，若いときの活動水準を維持し続けようとするタイプ (The Armored)	
憤慨型：自分の過去や老いを受容できず他者への非難や攻撃につながるタイプ (The Angry Men)	
自己嫌悪型：過去の人生を失敗と見なして自分を責めるタイプ (The Self-Haters)	

ること，②他者との肯定的・積極的な関係を維持すること，③自律的であること，④環境を調整すること，⑤人生に目標があること，⑥成長への意志があること，の6種類の要素を挙げました（佐藤，2010）。老年期の場合，長年の経験の積み重ねと心身の衰退方向の変化が大きく，各要素の重みづけが複雑です。高齢層が爆発的に増える現代においては，老年期の適応の姿はますます個別性・多様性の広がりが予想されます。個々の人々の老年期の適応を支えるためにも，パーソナリティ研究に加え，受け皿となる社会の成熟の観点からは社会学などとの協働が求められるのではないでしょうか。

VI　老年期のパーソナリティの理解の方法

1．心理アセスメントとは

　心理アセスメントは，観察法，面接法，心理検査法の3つからなります。心理検査法には，作業検査法，知能検査法，パーソナリティ検査法があります。ここでは，老年期にある人を対象としたパーソナリティ検査を紹介します。

2．パーソナリティ検査

　1）パーソナリティ検査導入の実状

　老年期においては認知に関する問題が優先されることから認知機能や精神機能の検査に比べ，パーソナリティ検査が導入されることは少ないようです。心理療法の一環，あるいは老年期の適応や実態把握などの研究目的での導入

表3 NEOの因子（BIG 5 Personality Inventory NEO-PIR, NEO-ffi 共通マニュアルより）

次元	因子
神経症傾向（(Neuroticism）	負担・敵意・抑うつ・自意識・衝動性・傷つきやすさ
外向性（Extraversion）	温かさ・群居性・断行性・活動性・刺激希求性・よい感情
開放性（Openness）	空想・審美性・感情・行為・アイディア・価値
調和性（Agreeablness）	信頼・実直さ・利他性・応諾・慎み深さ・優しさ
誠実性（Conscientiousness）	コンピテンス・秩序・良心性・達成追求・自己動機・慎重さ

※日本版 NEO-ffi は，各次元 12 項目を抽出し 60 項目にて構成されている

が比較的多いようです。対象が健康な高齢者なのか認知症など器質性疾患を有しているのかによって用いられる検査ツールは異なります。心理検査導入の目的を明確にし，対象者にとって加重負担とならない有益なツールを選定・実施し，丁寧な説明や支援につながる解釈，フィードバック検査が重要です。主なものを紹介します。

2）質問紙法

NEO-FFI：5因子理論に基づいて作成された NEO-PIR の高齢者版として開発されたもので 60 項目からなり神経症性・外向性・開放性・同調性・誠実性の5因子でプロフィールが描かれます（表3）。

MMPI：ミネソタ多面的人格目録の略です。信頼性が高い検査ですが，項目数が 550 項目（短縮版 280 項目）と多いため，導入には配慮が必要です。

不安・抑うつ検査：抑うつに焦点を当てた SDS や不安に焦点を当てた MAS，CAS，STAI などがあります。いずれも自験式（自分で記入する方式）ですが，必要に応じて検査者が読み聞かせるなどの工夫が望まれます。

3）投映法

投映法とは，曖昧な刺激や状況を設定し，それに対する被験者の反応について分析・解釈することで，パーソナリティを測定するものです。投映法検査は投映度の深さでも分類されます（図4）。いずれも内的世界や社会的適応の態度が表れますが，検査の種類によって比重が異なります。

ロールシャッハ法：Rorschach, H. が 1921 年に開発し，幅広い年齢層や病態水準で適用されます。曖昧刺激が描かれた 10 枚のカードを用いて「何に見えるか」を自由に反応してもらう検査です。把握や決定因，内容をもとに数量化したものを量的に分析し，さらに継列的に解釈し，認知や思考，感

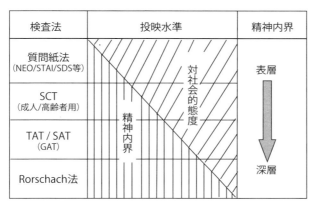

図4　老年期で使われるパーソナリティ検査の投映水準（馬場（2003）を元に中原が加筆して作成）

情，対人関係，防衛機制や適応のあり方などを把握します。老年期や認知症研究などで使われています。(Ames, et al., 1973；下仲・中里，1991；星野，1995；中原・谷向，2004)。

　TAT（Thematic Apperception Test，主題統覚知覚検査）：Murray, H. A.（1935）が欲求－圧力理論をもとに開発したもので，主に対人的葛藤場面が描かれた刺激画を用いて過去－現在－未来を含む物語を空想して作るものです。その内容から被験者の対人関係におけるテーマを理解していくものです。老年用には，TATの老年版としてBellak, L.とBellak, S. S.（1973）が開発したSAT（Senior Apperception Test）や，Wolk, R. L.とWolk, R. B.（1973）が開発したGAT（Gerontological Apperception Test）があります（現在は絶版）。

　SCT：Sentence Completion Testの略でPart I，Part IIそれぞれ30項目の刺激語に対して文を作成し，社会的適応や内的力動，家族関係などを把握します。村瀬孝雄・下仲順子による老人用SCTも開発されています。

　描画法：樹木を描くバウムテストや家・木・人物を描くHTPPなどがよく知られています。準備はA4の画用紙と鉛筆であり，教示も比較的簡潔です。他にも風景構成法や統合型HTP，家族画などがあります。老年期の場合，視力低下や麻痺などの身体的問題だけでなく，真っ白な用紙に創造する作業はかなりエネルギーを要するため，十分な配慮が必要です。

　4）その他

　PIL 生きがいテスト：Frankl, V. E.のロゴセラピィ（実存分析）の理論に基づいて，Crumbaugh, J. C.とMaholic, L. T.（1964, 1969）によって開発さ

れたテストで,実存的空虚(existential vacuum)などを測定します。part-A(質問紙法 20 項目), B(文章完成法 13 項目), C(自由記述 1 項目)の 3 部構成です。

おわりに

　人は一人ひとり異なる存在であり，固有の歴史を有しています。前述した若年の視点からのみで見た，ともすれば否定的な老年の神話から脱却し，適切な知識や視点をもって目の前のその人の言動の背景にある個別性や意味を感じる姿勢が大切です。また，私たちは健康な老年期の人だけでなく認知症を持つ人からも有形無形に人間存在について考えるという恩恵を得ているものです。新井（2011）は「認知症がなければ幸せになれるのか」と問い，幸福の獲得ではなく幸福感の獲得の重要性を述べています。超高齢社会を迎え，老年期にある人の人生の歩みに畏敬の念を抱き，一人の人として関わる姿勢が，私たち自身の老いのモデル創りにつながるのではないでしょうか。

文　　献

Ames, L.B., Métraux, R.W., Rodell, J.L., Walker, R.N. (1973) Rorschach Responses in Old Age. Brunner/ Mazel.（黒田健次・日比裕泰・大島晴子訳（1993）高齢者の臨床心理学―ロールシャッハ・テストによる．ナカニシヤ出版．）

新井平伊（2011）認知症がなければ幸せになれるのか―日本老年精神医学会の目指す道．老年社会学, 32 (4); 471-472.

Atchley, R. C. (1989) A continuity theory of normal aging. The Gerontologist, 29, 183-190.

馬場禮子（2003）臨床心理学概説（改訂版）．放送大学教育振興会．

Baltes, P.B. (1997) On the Incomplete Architecture of Human Ontogeny. Selection, Optimization, and Compensation as Foundation of Developmental Theory. American Psychologist, 52 (4); 366-380.

Carstensen, L. L. (2006) The influence of a sense of time on human development. Science, 312, 1912-1915.

Carver, C.S. & Scheier, M.F. (1982) Control theory: A useful conceptual framework for personality-social, clinical and health psychology. Psychological Bulletin, 92; 111-135.

Erikson, E.H. (1982) The Life Cycle Completed a Review. NY; W.W. Norton & Company.（村瀬孝雄・近藤邦夫訳（1989）ライフサイクル，その完結．みすず書房．）

権藤泰之（2019）超高齢期の心理的特徴―幸福感に関する知見．健康長寿ネット．公益財団法人長寿科学振興財団．https://www.tyojyu.or.jp/net/topics/tokushu/koureishashinri/shinri-chokoureisha.html

Havighurst, R. J. (1953) Human Development and Education. New York; Longmans, Green & Co.（荘司雅子監訳（1995）人間の発達課題と教育．玉川大学出版部．）

Hooker, K. & McAdams, D.P. (2003) Personality reconsidered: A new agenda for aging research. Journal of Gerontology. Psychological Sciences, 58B (6); 296-304.

堀薫夫（2010）高齢者大学の機能の変化に関する調査研究―西宮市高齢者大学における10年間の受講者層の変化．老年社会学, 32 (3); 338-347.

Horn, J. L., & Cattell, R. B.（1967）Age differences in fluid and crystallized intelligence. Acta Psychologica, 26, 107-129.

星野和実（1995）老人のロールシャッハ・テスト．ロールシャッハ研究, XXXVII; 93-108.

Jung, C. G.（1946）Die Lebenswende in Seelenproblem der Gegenwart.（鎌田輝男訳（1979）総特集　ユング―人生の転換期．現代思想　臨時増刊．青土社．）

Kahn, R. L. & Antonucci, T. C.（1980）Convoys over the life course: Attachment roles and social support. In: Baltes, B. P. & Brim, O. G. (eds.): Life Span Development and Behavior. London: Academic Press, pp.53-86.

増井幸恵（2008）性格．In：海保博之監修・権藤恭之編：朝倉心理学講座15　高齢者心理学．朝倉書店, pp.134-150.

増井幸恵（2016）老年的超越．老年医学会雑誌, 53(3): 210-214.

Mroczek, D. H. & Spiro, A. 3rd., Griffin, P. W. (2006) Personality and aging. In: Birren, J.E. & Shaie, K.W. (Eds.): Handbook of the Psychology of Aging, 6th ed. Elsevier; Academic Press.（藤田綾子・山本浩市監訳：エイジング心理学ハンドブック．北大路書房, pp.249-258.）

中島義明・安藤清志・子安増夫ほか（1999）心理学辞典．有斐閣．

中川威・増井幸恵・呉田陽一ほか（2011）超高齢者の語りにみる生（life）の意味．老年社会学, 32 (4); 422-433.

中原睦美（2003）病体と居場所感―脳卒中・がんを抱える人を中心に［心理臨床学モノグラフ第2巻］．創元社

中原睦美（2005）脳卒中後遺症を抱える人への心理的援助―居場所感・つながりを支える視点から．臨床心理学, 5 (2); 222-227.

中原睦美・谷向知（2004）高齢期に妄想症状を呈した4事例のロールシャッハ反応―痴呆の有無に着目して．ロールシャッハ研究, 8; 23-32.

Nishita, Y., Tange, C., Tomida, M., et al (2016) Personality and global cognitive decline in Japanese community-dwelling elderly people: A 10-year longitudinal study. Journal of Psychosomatic Reseach, 91; 20-25.

太田信夫監修, 佐藤眞一編（2018）高齢者心理学（シリーズ心理学と仕事）．北大路書房．

Peck, R. (1975) Psychological developments in the second half of life. In Sze, W. C. (Ed.): Human Life Cycle. New York; Jason Aronson.

Reichard. S., Livson. F., & Petersen, P. G. (1980) Aging and Personality. A Study of Eighty-seven Older Men. John Wiley & Sons. (Reprint Edition 1980 by Arno Press.)

Ryff. C. D. (1989) In the eye of the beholder: Views of psychological well-being middle-aged and older adults. Psychology and Aging, 4 (2); 195-210.

Sakurai, R., Yasunaga, M., Nishi, M., et al (2018) Co-existence of social isolation and homebound status increase the risk of all-cause mortality. International Psychogeriatric, 31(5); 703-711.

佐藤眞一（2008）高齢者と加齢をめぐる心理学的考察の歴史と展望．In：海保博之監修・権藤恭之編：朝倉心理学講座15　高齢者心理学．朝倉書店, pp.1-22.

佐藤眞一（2010）老いの生活への適応過程．In：佐藤眞一・大川一郎・谷口幸一編：老いとこころのケア―老年行動科学入門．ミネルヴァ書房．pp.115-135.

佐藤眞一編著（2022）心理老年学と臨床死生学―心理学の視点から考える老いと死．ミネルヴァ書房．

Simonton, D. K. (1989) The swan-song phenomenon: Last-works effects for 172 classical composers. Psychology and Aging, 4 (1); 42-47.

下仲順子（1997）老年心理学［現代の心理学シリーズ14］．培風館．

下仲順子（1978）加齢及び精神老化よりみた老人のロールシャッハ反応．ロールシャッハ研究, XX; 68-83.

下仲順子・中里克治（1991）老人のロールシャッハ反応における加齢と痴呆要因の研究．ロールシャッハ研究, XXXIII, 129-144.

Staude, j-R.（1981）The Adult Development of C. G. Jung. Boston; Routledge & Kegan Paul.

詫摩武俊（1990）性格の発達．In：詫摩武俊・瀧本孝雄・鈴木乙史・松井豊編：性格心理学への招待―自分を知り他者を理解するために．サイエンス社．

Tornstam, L. (2005) Gerotranscendence: A Developmental Theory of Positive Aging. Springer Publishing Company.

山田敏久（2000）人格の理解．In：三浦香苗ほか編：２発達と学習の支援．新曜社．

パーソナリティ検査が考案された流れ

中原睦美

　パーソナリティ検査は1892年に精神医学者のKraepelin, E.が患者に用いた'自由連想検査'が最初の形とされ、Jung, G. C.にも使用され現在に至ります。1921年にはRorschach, H.が人間の知覚のあり方に着目した「ロールシャッハ法」を発表します。その後、精神分析理論の普及により、1938年のMurray, H. A.が人間関係病理の解明を目的に「TAT」を発表し、Blum, G. S.は児童用に「ブラッキー・ピクチャー」を考案します。他方、Crumbaugh, J. C.らは1964年にFrankl, V. E.の実存分析理論をもとに「PILテスト」を開発しています。これらは現在も臨床実践や研究が盛んです。

　質問紙法は、3つの原形から派生しています。第1は第一次世界大戦中に心理学者Woodworth, R. S.が不適格な兵士を見分ける目的で作成した116項目の「パーソナル・データ」に始まり、1920年の感情面の適応に関するテストのモデルになったとされます。第2は、Jungの向性モデルに準拠し1926年にHeidbreder, E.が考案した「内向性－外向性テスト」、第3は、1928年にAllport, G. W.が発表した「支配性－服従性テスト」です。この3原形からMMPI（ミネソタ多面式人格目録）などの多種多様な質問紙法が開発されています。また、職業検査や適性検査は、1927年に発表されたStrong, E. K.による「ストロング職業興味用紙」、Kuder, G. F.による「クーダー一般興味調査票」、1965年のHolland, J. L.「職業選択インベントリー（翻案 VPI 職業興味検査）」などがわが国でも使用されています（岡堂, 2003）。このように、パーソナリティ検査は心理学における研究の視点だけでなく、戦争や経済など社会状況に求められて発達した側面を有しています。

　近年、「簡便な」心理検査が偏重される傾向があります。他方、投映法や治療法としても用いられる描画法は、内界表現の機会となり治癒力を引き出すこともあります（中原, 2003）。数値化は重要ですが数値やスコアからこぼれ落ちたところ、わからなさにもその人らしさが表れているものです。人間存在の深遠さに触れるにあたっては、バウムテストの考案者Koch, K.の「何日も、何週も、何カ月も、何年も、見え方の成熟過程がある地点に到達するまで」持ち続ける（岸本, 2005）という謙虚な姿勢が求められるのではないでしょうか。

文　献

岸本寛史（2005）『バウムテスト第三版』におけるコッホの精神. In：山中康裕・皆藤章・角野義宏編：バウムの心理臨床. 創元社.

中原睦美（2003）病態と居場所感―脳卒中・がんを抱える人を中心に. 心理臨床学モノグラフ第2巻. 創元社.

岡堂哲雄（2003）臨床心理アセスメント総論. In：松原達哉・楡木満生編：臨床心理アセスメント演習. 培風館.

第4章
高齢者の社会参加と幸福感

久世淳子

はじめに

　1999年は国連の国際高齢者年でした。国際高齢者年に先立って1991年の第46回国連総会では、「高齢者のための国連原則」が採択されました。この原則は、高齢者の「自立（independence）」、「参加（participation）」、「ケア（care）」、「自己実現（self-fulfilment）」、「尊厳（dignity）」の実現を目指すものです。参加については、高齢者は、社会への統合状態を持続し、その福祉に直接に影響する政策の形成と実施に積極的に参加し、その知識と技能を若年世代と共有すべきである、コミュニティに奉仕する機会を模索、発掘するとともに、その関心と能力に相応しい立場で、ボランティアの役割を務めることが可能となるべきである、高齢者の運動あるいは団体を形成できるべきである、とされています。すなわち、高齢者の社会参加です。第4章では、この高齢者の社会参加についてみていきます。

　社会参加に係わる老年期の重要なライフイベントに「職業生活からの引退」があります。仕事を中心とした生活から比較的時間が自由になる引退後の生活へ適応することは、高齢期の重要な発達課題の1つです。それまでの生活で大きな部分を占めていた仕事中心の生活は、職業生活からの引退によって変化していきます。このような仕事を通じた職業活動は、広い意味で高齢者の社会参加に含まれます（小俣，2000）。そこで、この章では、高齢者の就労と高齢者が参加している活動について、令和6年版の『高齢社会白書』などのデータからみていきます。

　岡林（2011）は、高齢者の社会参加に係わって「高齢者の生産活動が注目されるようになってきた理由」を2つ挙げています。1つは、日本の少子化によって生産年齢人口が減少し続けており、社会参加によって高齢者は社会を支えうる存在となるからです。もう1つは「生産活動が高齢者自身の身体的、精神的健康や幸福感に良い影響を及ぼす可能性があるため」で、高齢者の社会参加は高齢者の生きがいや幸福感と係わりがあることが知られています。このような健康や生きがいとの係わりについても、みていくことにし

I　高齢者の社会参加

1．高齢者の就労

　成人期の社会参加の1つの形として，「就労」は重要な役割を果たしています。高齢者の就労状況はどのようになっているのでしょうか。日本の高齢者の就業状況をみてみましょう。男性では 55 ～ 59 歳の 91.5％，60 ～ 64 歳の 84.4％，65 ～ 69 歳の 61.6％が仕事についています。女性では 55 ～ 59 歳の 74.7％，60 ～ 64 歳の 63.8％，65 ～ 69 歳の 43.1％が就業しています。就業形態をみると，男性の非正規職員・従業員の比率は 55 ～ 59 歳では 11.2％ですが，60 ～ 64 歳になると 44.4％になり，66 ～ 69 歳で 67.6％になります。つまり，60 歳，あるいは 65 歳で非正規職員・従業員となる人が多いことがわかります。

　それでは，高齢者はいつまで働きたいと思っているのでしょうか。2019 年の「高齢者の経済生活に関する意識調査」では，60 歳以上の男女に何歳ごろまで収入を伴う仕事をしたいかをたずねています。「65 歳ぐらいまで」と回答した人が 25.6％ともっとも多く，「70 歳ぐらいまで」が 21.7％，「働けるうちはいつまでも」が 20.6％と続いています。収入のある仕事をしている人に限ると「働けるうちはいつまでも」と回答した人が 36.7％ともっとも多く，「70 歳ぐらいまで」が 23.4％，「75 歳くらいまで」が 19.3％と続いています。収入のある仕事をしている 60 歳以上の人の約 35％が「働けるうちはいつまでも」と回答しており，「70 歳ぐらいまで」と「75 歳ぐらいまで」を加えると約 8 割の人が高齢になっても働きたいと思っています。

　この働くということにかかっては，「高齢者の生活と意識に関する国際比較調査」に興味深い結果があります。この調査は 1980 年度から 5 年ごとに実施されており，2020 年度は日本，アメリカ，ドイツ，スウェーデンの 60 歳以上の人を対象にしています。収入を伴う仕事をしたい理由については，日本では「収入がほしいから」と回答した人の割合が 51.0％ともっとも多く，ドイツとスウェーデンでは「仕事そのものが面白い，自分の活力になるから」がもっとも多くなっています（図 1）。このように仕事に求めるものが国によって異なるのですが，日本では「収入がほしいから」に続いて「働くのは体によいから，老化を防ぐから」という回答が 23.1％と 2 番目に

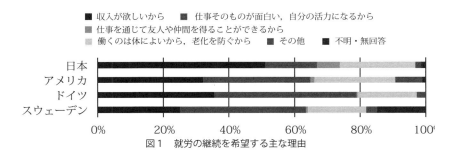

図1　就労の継続を希望する主な理由

多くなっています。スウェーデンでは17.7％，ドイツでは18.1％ですから，「働くのは体によいから」という回答が多いのが日本の特徴といえるかもしれません。また，日本では「仕事を通じて友人や，仲間を得ることができるから」という回答が他の国より多く，仕事を通じた人間関係が重要な役割を果たしていると考えられてきました。しかしながら，2010年の調査では13.1％，2015年には7.1％に減少し，今回は6.9％となっています。収入を伴う仕事や働くことについての考え方は，今後どのように変化していくでしょうか。

2．高齢者の活動への参加

　高齢者がどのような活動に参加しているかを2021年の全国の60歳以上の人を対象とした「高齢者の日常生活・地域社会への参加に関する調査」からみていきましょう。どのようなグループ活動に参加したかを複数回答でたずねると，多い順に「健康・スポーツ」が26.5％，「趣味」が14.5％，「地域行事」が12.8％となっています。一方で，今後，行いたい活動は「健康・スポーツ」が40.5％ともっとも多く，「趣味」が22.4％，「生産・就業」が14.5％，「地域行事」が13.3％，「生活環境改善」が10.7％と続きます。活動に参加したことがある高齢者が活動全体を通じて参加してよかったことは，「生活に充実感ができた」が47.9％ともっとも多く，「新しい友人を得ることができた」が36.5％，「健康や体力に自信がついた」が33.1％と続きます（図2）。

　高齢者の活動への参加は，生きがいとも関連しています。「令和5年度高齢社会対策総合調査（高齢者の住宅と生活環境に関する調査）」では65歳以上の何らかの活動に参加した人（直近1年に「趣味」「健康・スポーツ」「生産・就業」「教育関連・文化啓発活動」「生活環境改善」「安全管理」「高齢者

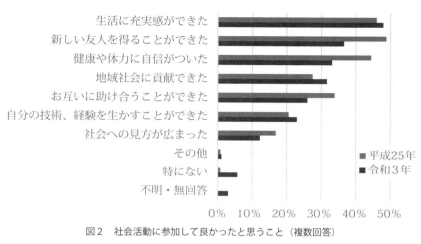

図2　社会活動に参加して良かったと思うこと（複数回答）

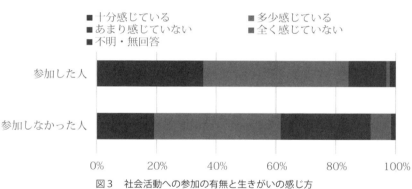

図3　社会活動への参加の有無と生きがいの感じ方

の支援」「子育て支援」「地域行事」のいずれかに参加した人）といずれの活動にも参加しなかった人の生きがいを比較しています（図3）。活動に参加した人では生きがいを感じていない人（あまり感じていない人と全く感じていない人）は13.7％なのに対し，参加しなかった人では37.0％でした。

II　健康とのかかわり

1．健康寿命

　健康寿命とは心身ともに自立して健康に生活できる期間のことで，2019年の日本の健康寿命は男性が72.68年，女性が75.38年です。この健康寿

命の延長を目指しているのが，21世紀における国民健康づくり運動（健康日本21）です。21世紀の新しい考え方による国民健康づくり，「健康日本21」は2000年にスタートし，2013年から「健康日本（第二次）」が，2024年から「健康日本21（第三次）」が始まっています。この「健康日本21」では数値目標を設定し，その評価を行うことで課題を明確にし，次の目標を定めていきます。「健康日本21（第三次）」では，健康寿命の延伸と健康格差の縮小，個人の行動と健康状態の改善，社会環境の質の向上，ライフコースアプローチを踏まえた健康づくりの基本的な方向で国民健康づくり運動を進めるとしています。

2．要介護のリスク要因

　介護予防とは，要介護状態になることを予防することで，健康寿命を延ばそうという試みでもあります。介護予防については，厚生労働省が運動器の機能向上，栄養改善，口腔機能の向上，閉じこもり予防・支援，うつ予防・支援，認知症予防・支援という6つの強化すべき分野を設定しています。要介護のリスク要因についての研究は増えており，日本でも地域に住む高齢者を対象とした縦断研究が行われるようになってきました。AGES（Aichi Gerontological Evaluation Study；愛知老年学的評価研究）もその一つで，たとえば，平井ら（2009）は3年間の追跡調査から，年齢が高いこと，治療中の疾病があること，服薬数が多いこと，過去1年間に転倒経験があること，咀嚼力が低い（食べられるものが限られる）こと，排泄障害があること，老研式活動能力指標で測定した手段的自立，知的能動性，社会的役割といった生活機能が低いこと，主観的健康感がよくないこと，老年うつ病スケール（Geriatric Depression Scale 15項目版）で測定したうつ状態であること，歩行時間が30分未満であること，外出頻度が少ないこと，友人と会う頻度が月1回未満であること，自主的グループ活動への参加をしていないこと，仕事をしていないこと，家事をしていないことが要支援を含む要介護認定に関連していることを明らかにしました。社会的活動に含まれる趣味と要介護認定に関するAGESプロジェクトの成果もあります（竹田ら，2010）。この研究では，趣味をスポーツ的活動，文化的活動，音楽的活動，創作的活動，園芸的活動，テレビ・ラジオ，観光的活動，投資・ギャンブルの8種類に分類しています。そして，認知症を伴う要介護認定を予測する危険因子には，物忘れの自覚があることと手段的自立が低いことの2つがあるのですが，こ

れ以外に男性では独居であること，主観的健康度がよくないこと，仕事がないこと，知的能動性が低いこと，園芸的活動がないことが，女性ではスポーツ的活動がないことがリスク要因としてあげられています。なお，AGESは，2010年の調査からJAGES（Japan Gerontlogical Evaluation Study；日本老年学的評価研究）へと対象を広げ，2018年1月には一般社団法人日本老年学的評価研究機構が設立されています。

III　高齢者の幸福感

1．サクセスフル・エイジング

　サクセスフル・エイジングは「幸福な老い」とも訳され，小田（2003）によれば，長命（longevity），健康（lack of disability），生活満足・幸福（life satisfaction/happiness）の3つの要素が全て統合された概念とみなされています。サクセスフル・エイジングということばからは，生活に満足しつつ，健康で長生きしている高齢者の姿が浮かび上がってきます。では，何が幸福な老いをもたらすのでしょうか。幸福な老いをもたらすものとして，加齢にともなう社会的な地位や役割の変化を考慮する理論があります。それまでの社会的な活動の水準を維持することがサクセスフル・エイジングにつながるという活動理論（activity theory）と社会的な離脱が個人にとっても機能的であるとする離脱理論（disengagement theory）です。この活動理論と離脱理論の論争では，社会活動と主観的幸福感の関連性を検討する研究を通じて，それぞれの主張を証明しようとしました。古谷野（1993）は，この論争では離脱理論が提出した重要な命題（高齢者を排除する社会体系のメカニズム，加齢にともなうパーソナリティの変化，社会的離脱の普遍性など）が検証されることなく放置されたと指摘しています。老年期は乳幼児期とならんで個人差が大きくなる時期であるといわれます。そのため，継続性理論（continuity theory）では，それまで送ってきた生活を継続させることが適応的であるとして，適応様式の個人差を認めています。

　1960年代から活動理論と離脱理論の論争はありましたが，1970年代になると高齢期になっても生産性を維持していこうというプロダクティブ・エイジング（productive aging）という概念が使われるようになりました。近年では，高齢者の就労はプロダクティブ・エイジングという概念と関わって論じられることも多くなっていますが，プロダクティブな活動というのは，

モノやサービスを生み出す活動で，有償労働だけでなく，無償労働も含むとされています（岡本，2009）。この考え方は，少子高齢化が進む日本にとって魅力的に思えます。しかし，このプロダクティブ・エイジングは，一方で，社会からの引退が高齢期にもたらす自由さを失わせることにもつながりかねません。自分なりの幸福な老いを探すことが重要になります。

2．アクティブ・エイジング

WHO によれば，アクティブ・エイジングという用語は，WHO が 1990 年後期に採用したもので，「人々が歳を重ねても生活の質が向上するように，健康，参加，安全の機会を最適化するプロセスである」とされています。アクティブ・エイジングは個人にも集団にもあてはまり，高齢者のための国連原則に基づいています。2002 年 4 月にスペインで開催された第 2 回高齢者問題世界会議に提出された用語ですが，日本では 2006 年に高齢者が主体的に参加するという武豊プロジェクト（住民ボランティア運営型地域サロンによる介護予防事業）がスタートしています。このユニークなプロジェクトについては，平井ら（2024）を読んでいただければと思います。このアクティブ・エイジングはすべての人にあてはまる言葉で，いわゆる「健康」で「活動的」な高齢者だけのものではありません。何らかの理由があって仕事から引退した人やケアを必要とする人も含まれていることを忘れてはいけないと思います。

おわりに

この章では，就労や活動といった高齢者の社会参加について，みてきました。これまでの研究から，社会参加によって充実した高齢期を送ることができることもわかってきました。高齢期になっても社会参加するためには，健康寿命が延びていくことが必要で，健康寿命を延ばすための政策やその裏付けとなる研究も盛んに行われています。現在では，JAGES 以外にも縦断研究が行われており，学術情報データベースを使ってそれらの文献を検索することができます。試しに CiNii を使って「要介護リスク」をキーワードに検索したところ，2000 〜 2024 年の間で 99 論文が見つかりました。みなさんも興味のある論文を読んでみてはいかがでしょう。

とはいえ，何らかの理由で社会活動をすることができない，あるいはした

くないという高齢者がいることも事実です．限られた自分の生活範囲の中であっても生活の質を追求し，生きがいを見つけることも重要になってきます．これからの人生をどのように送るかということについて，この章を読みながら考えてみませんか．

文　　献

平井寛・近藤克則・尾島俊之ほか（2009）地域在住高齢者の要介護認定のリスク要因の検討―AGES プロジェクト 3 年間の追跡研究．日本公衆衛生雑誌，56 (8), 501-512.

平井寛・武田徳則・近藤克則（2024）まちづくりによる介護予防―「武豊プロジェクト」の戦略から効果評価まで．ミネルヴァ書房．

国際連合広報センター（1999）高齢化に関する国際行動計画および高齢者のための国連原則．https://www.unic.or.jp/files/elderly.pdf

厚生労働省：健康日本 21（第三次）．https://www.mhlw.go.jp/stf/seisakunitsuite/bunya/kenkou_iryou/kenkou/kenkounippon21_00006.html

古谷野亘（1993）老化の社会学理論．In：柴田博・芳賀博・長田久雄ほか編：老年学入門．川島書店，pp.41-50.

内閣府（2019）令和元年度 高齢者の経済生活に関する意識調査．

内閣府（2020）第 9 回 高齢者の生活と意識に関する国際比較調査．

内閣府（2021）令和 3 年版 高齢社会白書．

内閣府（2021）令和 3 年度 高齢者の日常生活・地域生活への参加に関する調査結果．

内閣府（2023）令和 5 年度 高齢社会対策総合調査（高齢者の住宅と生活環境に関する調査）．

内閣府（2024）令和 6 年版 高齢社会白書．

小田利勝（2003）サクセスフル・エイジングの概念と測定方法．人間科学研究（神戸大学発達科学部紀要），11 (1), 17-38.

岡林秀樹（2011）社会活動への参加．In：大川一郎・土田宣明・宇都宮博ほか編：エピソードでつかむ老年心理学．ミネルヴァ書房，pp.156-159.

岡本秀明（2009）地域高齢者のプロダクティブな活動への関与と well-being の関連．日本公衆衛生雑誌，56 (10), 713-723.

小俣節夫（2000）社会参加．In：井上勝也・大川一郎編集代表：高齢者の「こころ」事典．中央法規出版，pp.296-297.

総務庁（2021）令和 3 年 社会生活基本調査．

竹田徳則・近藤克則・平井寛（2010）地域在住高齢者における認知症を伴う要介護認定の心理社会的危険因子―AGES プロジェクト 3 年間のコホート研究．日本公衆衛生雑誌，57 (12), 1054-1065.

WHO（2007）WHO「アクティブ・エイジング」の提唱―その政策的枠組みとまちづくりチェックポイント．https://iris.who.int/bitstream/handle/10665/67215/WHO_NMH_NPH_02.8_jpn.pdf?sequence=3

介護過程

武田啓子

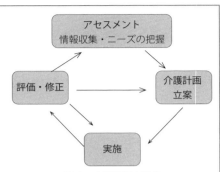

図1　介護過程の構成

『真実はいつもひとつ』——名探偵コナンの名台詞ですね。鮮やかに犯人をつきとめるそのプロセスを探ってみると，次のようになります。

1）周囲の環境も含めて事実を正確に収集する（現場検証や聞き込み調査など）
2）事実と事実を関連させる。
3）関連した事実から，隠れている事実を分析する。
4）犯人の気持ち（動機）を推察する。

このプロセスにおいて，いつも感心するのはコナンの観察力・洞察力・判断力・行動力です。犯人の言葉や表情，残された証拠など，見逃してしまいそうなこともしっかりと把握しています。これらの能力が統合されてあの名台詞が生まれるのでしょう。この思考過程は，推理に限らず介護では介護過程に汎用することができます。介護過程とは，日常生活になんらかの支障を生じている人に対して，その方が自分らしく生活できるよう，QOL（Quality of life；生活の質，人生の質）を高めるプロセス（図1）です。

自分ではない他者の生活を支援するには，その方や生活等を理解することが必要となります。理解するために，言葉だけでなく表情や今までの生活，人間関係，周囲の環境などあらゆる情報をICF（International Classification of Functioning, Disability and Health：国際生活機能分類）などを用いて整理します。情報を関連させることで，見えていない状況も分析しやすくなり，生活像を把握できます。そして，必要としているニーズをふまえて，適切な支援方法を導き実施します。そして評価することで，アセスメント（情報収集・ニーズの把握）や計画について，必要な修正をします。

介護に限らず日常の生活において，周囲を観察すると「いつもと違う」など，普段との違いに気づくことがあります。その変化について「なぜだろう」と，考えることでその状況の理由や根拠となる背景を明確にして，対応方法を判断できます。介護者として，先入観にとらわれることなく相手の気持ちを理解し真のニーズ（リアルニーズ）を把握するためには，コナンと同じように観察力・洞察力・判断力・行動力は必要な能力といえます。ただし，「介護の支援方法は一つ」ではありません。リアルニーズを踏まえ，多職種との連携も交えた支援方法を創意工夫できます。思い込みや見えている事実だけにとらわれることなく，まずは見えにくい大切なもの（リアルニーズ）を見つける。そして，ご利用者のリアルニーズを満たし，QOLを高めるよう実践展開していく過程が介護過程です。

4因子からなる介護福祉士実践能力尺度（森田ら，2024）では，「介護過程実践能力」が第1因子として構成されています。このように「介護過程」は介護福祉士の実践において必要不可欠であり，専門性を担保する能力といえます。

第5章
高齢者の人間関係

久世淳子

はじめに

　この章では，高齢者の人間関係をみていきます。人が最初に経験する人間関係は家族関係です。『広辞苑』（第4版）によれば，家族とは「夫婦の配偶関係や親子・兄弟などの血縁関係によって結ばれた親族関係を基礎にして成立する小集団」で「社会構成の基本単位」です。この章では，まず家族関係について概観します。

　人間関係，あるいは対人関係は，社会関係（social relations）という用語であらわされることもあります。この社会関係は，社会的ネットワーク（social network）と社会的支援（social support；以下では，ソーシャル・サポートとします）という2つの側面に分けて説明されます（Antonucci, 2001）。社会的ネットワークはある人がもっている対人関係のネットワークで，そのネットワークの大きさ，交流の頻度，持続性といった記述的な側面が指標の基礎となります（野口，1993）。そのネットワークのメンバーに眼を向ければ，Antonucci, T. C. が指摘するように，年齢，性別，役割関係，知り合ってからの年数，住居の近さ，会う回数などによって記述することもできます。ソーシャル・サポートは交換される支援の実質的内容についての概念で，援助（手段的サポート），情緒（情緒的サポート），肯定（価値観やものの見方に対する同意や承認）という3つの側面に分類されます（岡林，2007）。そこでこの章では，家族関係につづいて，高齢者の社会関係についてみていきます。そして最後に，サポートが必要な状況として介護をめぐる今日的問題についてもみていきたいと思います。

I　高齢者の家族関係

1．高齢者の暮らす世帯とライフサイクル

　ここでは，まず高齢者がどのような世帯で生活しているのかをみていきましょう。日本では，65歳以上の高齢者のいる世帯は，2009年に初めて2,000

万世帯を超えて 2,012 万 5,000 世帯となりました。さらに，2022 年には 2,747 万 4,000 世帯となり，全世帯の 50.6％を占めています。高齢者のいる世帯の家族形態は，2022 年では「夫婦のみの世帯」が 32.1％，「単独世帯」が 31.8％といずれも 3 割を超え，「親と未婚の子のみの世帯」が 20.1％と続きます。1980 年にもっとも多かったのは「三世代世帯」で，50.1％を占めていましたが，2022 年には 7.1％となっています。

　65 歳以上の一人暮らし高齢者の割合は高齢者の性によって異なります。1980 年には男性 19 万 3,000 人，女性 68 万 8,000 人で，高齢者人口に占める割合は男性 4.3％，女性 11.2％でしたが，2020 年には男性 230 万 8,000 人，女性 440 万 9,000 人，高齢者人口に占める割合は男性 15.0％，女性 22.1％となっています。いずれも女性の割合が多くなっていますが，この理由の一つとして，平均寿命や結婚年齢の違いなどを含むライフサイクルの違いがあげられます。女性の平均寿命が長く，結婚年齢が若いことから，夫婦のライフサイクルには違いがあります。また，最近では，厳しい経済状況の影響もあり，就職難，非正規雇用者の増大，そして結婚したくてもできない，あるいは結婚したくないといった人も散見されるようになってきました。このような社会の変化にともない，ライフサイクルも多様化しているといえます。2050 年には男性 450 万 5,000 人，女性 633 万 4,000 人，高齢者人口に占める割合は男性 26.1％，女性 29.3％になると見込まれており，さらに 65 歳以上の一人暮らしが増加していきます。

2．高齢者と子どもや孫との関係

　子どもたちと一緒に生活しなくなった高齢者にとって，別居している子どもたちとの交流の機会は重要になります。それでは，別居している子どもと高齢者の接触頻度をみていきましょう。2020 年の「高齢者の生活と意識に関する国際比較調査」によると，日本の 60 歳以上の高齢者では「ほとんど毎日」と「週に 1 回以上」を合わせると 30.9％になります。しかし，アメリカでは 64.8％，スウェーデンでは 57.0％，ドイツでも 49.5％です。高齢者世帯が増加し，子どもとの接触頻度も他の国と比べて少ないのが日本の高齢者の特徴といえるでしょう。

　子どもとの接触頻度の少なさは，高齢者の子どもや孫とのつき合い方についての考え方が反映しているとも考えられます。同じ調査では，子どもや孫とのつき合い方についてたずねています。1980 年には「いつも一緒に生活

できるのがよい」と答えた人が59.4％，「ときどき会って食事や会話をするのがよい」が30.1％でしたが，2020年になると「いつも一緒に生活できるのがよい」という回答が18.8％に減少し，「ときどき会って食事や会話をするのがよい」という回答が56.8％と増加しています。これ以外の選択肢については，「たまに会話をする程度でよい」が7.1％から10.4％，「まったくつき合わずに生活するのがよい」は1.1％から0.7％となっています。「たまに会話する程度でよい」という回答はやや増えていますが，「まったくつき合わずに生活するのがよい」という回答についてはやや減っています。

　子どもや孫とのつき合い方は時代とともに変化していきますが，その関係性は変わりません。子どもや孫がいることによって，高齢者は親の役割，祖父母の役割を果たすことになります。子どもが成長するにつれ，子どもを育てるといった役割は減少し，やがて子離れによって親役割を喪失します。子どもが独立し，新しい家庭を持ち，自分たちの子どもが生まれる，つまり高齢者にとっては孫が生まれると，祖父母の役割がでてきます。大川（1994）や宮田・大川（2006）は，祖父母の役割として，「導く」，「教える」，「見守る」，「親しむ」，「与える」という要因があり，理想としている役割と実際に果たしている役割の間にズレが存在することを明らかにしています。「孫は目に入れても痛くない」という孫に甘い祖父母であることがわかります。祖父母という役割は，退職による職業役割の喪失といった役割の喪失を経験する高齢者にとって，新しい役割となります。新しい役割を経験するためにも孫との交流は重要となります。

　高齢者の祖父母役割が生じるころ，子どもたちにも別の役割が生じてきます。加齢にともなう心身の機能の低下などのために高齢の親に対するサポートが必要となってきます。いわゆる老親扶養の問題です。この問題については，Ⅲでふれることにします。

Ⅱ　高齢者のソーシャル・サポート

1．困ったときに頼れる人

　60歳以上の高齢者を対象とした2020年の「高齢者の生活と意識に関する国際比較調査」では，同居家族以外で困ったときに頼れる人の有無を調べていますが，いずれの国でも「別居の家族・親族」と回答した人の割合が約55〜75％ともっとも多くなっています。一方で，「友人」の割合は，日

本が14.9%であるのに対し、ドイツでは46.4%、アメリカでは36.8%、スウェーデンでは24.8%となっています。また、「いない」と答えた人が日本とスウェーデンでは約17.5%、アメリカでは15.6%であるのに対し、ドイツのみが5.1%と少なくなっています。家族以外で相談し合ったり、世話をし合ったりする親しい友人の有無についても、いないと回答した人の割合が日本は31.3%とアメリカの14.2%、ドイツの13.5%、スウェーデンの9.9%と比べて高くなっています。日本では家族・親族が困ったときに頼れる人となっていると考えられます。

このような困ったときに頼れる人、つまり何らかの支援をしてくれる人たちがソーシャル・サポート提供者です。ソーシャル・サポートは、その支援の内容、授受の方向、提供源の公共性などによって分類されます。支援の内容を援助か情緒か肯定かと分類する方法（この分類に係わっては、道具的か情緒的か情報的かに分類するものもあります）以外にも授受の方向性（受領か提供か）、提供源の公共性（フォーマルかインフォーマルか）、肯定的・否定的内容（ポジティブかネガティブか）などによって分類されます（岡林，2000）。

2．コンボイ・モデル

高齢者のソーシャル・サポートについて考えるのにも役立つのが、Kahn, R. L. と Antonucci, T. C.（1980）のコンボイ・モデル（図1）です。このモデルは社会的ネットワークの生涯にわたる変化をとらえるためのものですが、コンボイ（護送船団）ということばは、個人はそれを取り巻く人々（護送船団）とサポートの交換を行いつつ、人生という大海原を渉っていく存在であることを象徴的に示しています（岡林，2007）。コンボイ・モデルは人生の節目に変化するソーシャル・サポートのネットワークのモデルといえるでしょう。このモデルでは、個人のもつネットワークを、中心に位置する個人を取り巻く3重の円で示しています。一番内側に示されるのは、「役割に依拠しない安定したコンボイの成員」で、配偶者や家族、親友といった人々が位置します。その外側に示されるのが「役割にいくらか依拠し長期的には変化しやすいコンボイの成員」で、友人や親戚が想定されています。もっとも外側に示されるのが「直接役割に依拠し役割の変化に影響されるコンボイの成員」で、近隣や職場の同僚、かかりつけの医師などが位置します。

コンボイ・モデルからは、家族（とりわけ同居家族）をサポート源と考え

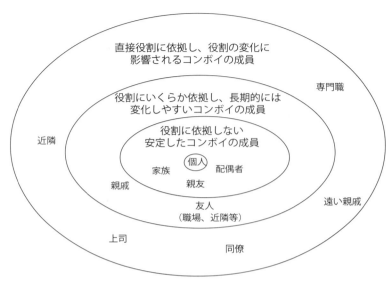

図1　コンボイの仮説的例（Kahn & Antonucci, 1980；野口，1993）

るのは日本の高齢者だけではないということがわかります。コンボイ・モデルでは，変化するソーシャル・サポートのネットワークを捉えるのに適しているといわれます。高齢者のネットワークの変化を捉えた研究を紹介しておきましょう。斉藤（2008）は，縦断データを用いて高齢者の社会的ネットワークの変化を検討しています。そして，高齢者全体では同居者の人数は減少傾向にあるが，それ以外のネットワーク指標は加齢にともなって減少する傾向は確認されておらず，高齢者個人の社会的ネットワークがベースラインで多かった人ほど減少しやすい傾向があることがわかっています。さらに，同居家族の変化と他のネットワークとの関係については，別居子との交流が頻繁であった人ほどその後の同居者数が増加し，同居者数が増加している人ほど別居子との交流頻度が減少する傾向にありました。この結果もコンボイ・モデルにあてはめて考えてみると，同居者数が増加するということは，一番内側の円に入る人が多くなるということで，真ん中の円に入っていた別居子が別居から同居へと変化するということになります。

Ⅲ 介護をめぐる状況

1．介護を必要とする人と介護の担い手

　介護保険制度において要介護者または要支援者と認定された人の数は2021年度で676万6,000人となっています。このうち65～74歳で「要支援」認定を受けた人は23万7,000人（1.4％），「要介護」認定を受けた人が51万6,000人（3.0％）で，75～84歳で「要支援」認定を受けた人は76万7,000人（6.2％），「要介護」認定を受けた人は148万8,000人（12.1％）です。さらに，85歳以上で「要支援」認定を受けた人は89万1,000人（13.9％），「要介護」認定を受けた人は286万7,000人（44.9％）と，年齢を重ねると介護認定を受ける人の割合が増加することがわかります。なお，介護が必要になった原因については，2022年の国民生活基礎調査では，「認知症」が16.6％ともっとも多く，「脳血管疾患」が16.1％，「骨折・転倒」が13.9％と続きます。

　それでは，介護を行っているのはどのような人なのでしょうか。2022年の国民生活基礎調査では，要介護者からみた主な介護者の続柄と居住形態，そして介護者の性や年齢について調べています。不詳（26.0％）を除く主な介護者でもっとも多いのは「配偶者」の22.9％，続いて「子」の16.2％，そして「事業者」の15.7％となっています。主な介護者のうち45.9％が要介護者と同居しており，同居している介護者の68.9％が女性となっています。ちなみに，11.8％を占める別居の家族等のうち71.1％が女性です。同居している介護者の年齢は男性では60代がもっとも多く，80歳以上，70代，50代，40代と続きます。女性では70代がもっとも多く，60代，50代，80歳以上，40代と続いており，「老々介護」という状況が浮かびます。

　2000年に導入された介護保険制度は，介護を社会全体で支えるという「介護の社会化」を促すものであったといわれています。介護保険制度の導入によって，介護は家族がするものから社会全体で支えるものへと変わっていきました。この介護の社会化に関する介護者の意識については，黄ら（2004）が「家族介護重視」，「抵抗感」，「世間体」という3つの側面から検討し，介護保険制度の導入によって家族中心の介護観や他人を家に入れることへの抵抗感が減り，介護サービスの利用に世間体を気にしなくなっていることを明らかにしています。

2．介護負担感と介護ストレス

　これまでみてきたように，日本では急速に高齢者が増え，その結果，介護が必要となる高齢者も増えてきました。介護の社会化をめざす介護保険制度は，同時に施設介護から在宅介護へという方向性をもっています。そのため，在宅で暮らす高齢者の家族介護者の介護に対する負担感が注目されています。介護者の負担感については，1970年代後半から欧米で研究されるようになりました。Zaritら（1980）は「親族を介護した結果，介護者が情緒的，身体的健康，社会生活および経済状態に関して被った被害の程度」と負担感を定義し，介護負担感尺度を開発しています。Zaritらは認知症高齢者を介護する家族の負担感を「介護者の健康」，「心理的安定」，「経済状態」，「社会生活」，「要介護者との人間関係」といった項目から測定しています。日本でも，荒井らがZarit介護負担尺度の日本語版を用いて，介護者の負担感についての研究を行っています（たとえば，荒井，2002；Arai, et al., 2002）。この尺度では，介護者の健康状態や経済状態，介護者が自分の時間を持てるかどうか，そして介護者と要介護者との人間関係が負担感を構成していると考えられています。

　日本で開発された介護負担感尺度としては，中谷・東條（1989）の介護負担感スケールがあります。介護負担は客観的負担と主観的負担に分けられますが，この尺度では客観的な負担状況に対する介護者の主観的な解釈である主観的負担を測定しています。この介護負担感スケールはその後開発された尺度のもととなっており，近森（1999）の在宅ケア意識を測定する尺度，NFU介護負担感尺度（久世ら，2007a）とその改訂版（久世ら，2007b）といった尺度が作成されています。このような介護負担感尺度を用いた研究から，介護負担感と関連する要因として，要介護者の行動障害やADL，副介護者の有無，人間関係などが浮かび上がっています。つまり，要介護者に問題行動がある場合，副介護者がいない場合，要介護者との人間関係が良くない場合に介護者の負担感が高くなるのです。

　中谷・東條の介護負担感スケールでは主観的負担感が測定されていますが，このような介護負担感はLazarus, L. S.とFolkman, S.（1984）のストレス理論に組み込むことができます。ストレス理論では，ストレスを引き起こすストレッサーを評価する一次評価と，ストレッサーに対する自分の対処可能性を評価する二次評価がストレスに関与していると考えます。そのため，新名ら（1991, 1992）の研究では，ストレッサーを介護場面で生じるいろい

ろな出来事，ストレッサーに対する認知的評価を介護負担感と位置づけています。そして，二次評価ではストレッサーへの対処方略（コーピング）が検討され，問題焦点型コーピングや情動焦点型コーピングが行われることになります。介護ストレスへのコーピングについては，岡林ら（1999）が要介護者と意志の疎通を図り，その気持ちを尊重するという「介護役割の積極的受容」，できる範囲で無理をしないようにお世話をするという「介護におけるペース配分」，お世話に振り回されず積極的に自分自身の時間をもつという「気分転換」，お世話している人同士で励まし合うという「私的支援追求」，役所や医師・看護師などの専門家に相談するという「公的支援追求」という5つの因子があり，さらに積極型（積極的受容），回避型（ペース配分と気分転換），支援追求型（私的支援追求と公的支援追求）の3つにまとまることを見出しています。このように介護ストレスへの対処方法はいくつかあり，その状況によって使い分けることが重要になります。いろいろな対処方法があるということを知っておくだけでも，負担感を減らすことにつながります。

　最近では，介護負担といった介護の否定的な側面だけでなく，介護の肯定的側面を測定する尺度もあります。中谷・東條の介護負担感スケールでも肯定的側面と考えられる「介護の継続意志」をたずねていますが，櫻井（1999）の認知評価尺度では介護継続意志に加え「介護状況への満足感」や「自己成長感」といった肯定的側面を測定することができます。介護の肯定的側面は，肯定的なストレッサーの評価につながります。自分の介護状況に満足できること，あるいは介護によって自分が成長したと感じられることは，介護を肯定的に評価することにつながります。このような肯定的評価は，介護ストレスの軽減に結びつきます。

　最後に，人はなぜ介護をするのかという観点から少し考えてみましょう。心理学では人が行動を起こすことに関わって「動機づけ」という概念があります。平凡社の『新版 心理学事典』では，「動機づけ」は「行動を一定の方向に向けて発動させ推進し持続させる過程，ないしはそれにかかわる機能の全般を大まかに示す用語」（金城，1981）とされています。速水（2012）は介護を家事や子育てと同じくプラスマイナスゼロの仕事と呼んでおり，これまで動機づけ研究で扱われてきた良い成績をとったり，仕事で成果をあげるという課題とは異なると考えています。このような動機づけについては，橋木ら（2008）が認知症高齢者の介護をしている家族介護者を対象に，介護結果に対する原因の考え方と介護負担感との関係を調べています。その結

果，介護負担感を高める要因として，①うまく介護できたときに「いつも自分（介護者）が努力しているからだ」などと自分に原因があると考えること，②うまく介護できなかったときに「要介護者の方の人柄や今までの振る舞いによるものだ」などと相手に原因があると考えることが示され，介護負担感を軽減させる要因として，うまく介護できたときに「要介護者の方の人柄がよいからだ」などと相手に原因があると考えることが示されています。うまく介護できたときに自分に原因があると考えること，すなわちうまく介護できたのは自分の努力や能力の結果であると考えることは，本来，満足感や自尊感情と結びついて介護に対する動機づけを高めると考えられるのですが，認知症高齢者の介護の場合には介護負担感を高める要因となっています。このようにプラスマイナスゼロの仕事である介護について，動機づけの側面から考えることも必要になってきます。

おわりに

　この章では，高齢者の人間関係についてみてきました。日本の高齢者は家族を中心とした人間関係を築いてきました。これは，高齢者の介護が家族を中心として行われてきたことからもわかります。このような人間関係は，時代とともに変わります。この章では2020年の国際比較調査から高齢者の人間関係を見てきましたが，新型コロナウイルス感染症（COVID-19）によって私たちの生活様式は大きく変化しました。2020年の調査では，新型コロナウイルス感染症の拡大による生活への影響について調べています。日本では「旅行や買い物などで外出することが減った（68.0％）」「友人・知人や近所付き合いが減った（55.3％）」「別居している家族と会う機会が減った（47.3％）」の順に割合が高く，他の3カ国でも順位は異なるものの上位3項目は同じです。他の3カ国では「メール，電話，オンラインでの連絡が増えた」が42.5～59.0％であるのに対し，日本では26.0％でした。生活様式の変化は高齢者の人間関係に影響をもたらすと考えられますが，その影響の持続性などについては次回調査の結果を待ちたいと思います。

　核家族化，高齢者世帯の増加，介護保険制度のあり方など，これからも高齢者の人間関係は変わっていくことでしょう。その変化を捉える方法についても知っていただきたいと思い，この章をまとめました。コンボイ・モデルなどを応用すれば，高齢者の人間関係やその変化を捉えていくことができま

す。また，介護負担感など尺度の説明が多くなっているように思うかもしれません。実際に高齢者と接するときには尺度を使うことはないかもしれませんが，負担感尺度は負担を構成する複数の要因からなっています。それらを頭に入れて，介護者の生活をみていけば，いろいろなことがわかってきます。

　人間関係には友人・知人・趣味の仲間なども含まれています。このような社会関係は，第4章でみてきたように，健康を維持するのに欠かせないものです。第4章と第5章をあわせて，高齢者の人間関係を考えていただくこともできると思います。時間に追われる日々を送っている私たちも自分の社会関係について振り返ってみることは，重要なことかもしれません。

文　献

荒井由美子（2002）介護負担度の評価．総合リハビリテーション，30 (11), 1008-1009.

Arai, Y., Masui, K., Sugiura, M., et al.（2002）Fewer hours of care yet undiminished caregiver burden with New Long-Term Care insurance in Japan. International Journal of Geriatric Psychiatry, 17 (5), 489-491.

Antonucci, T.C.（2001）Social relations: An examination of social networks, social support, and sense of control. In: Birren, J.E. & Shaie, K.W. (Eds.): Handbook of the Psychology of Aging, 5th ed. Academic Press.

近森栄子（1999）在宅ケアを提供される高齢者の特性と家族の負担感との関係．神戸市立看護大学紀要，3, 101-113.

速水敏彦（2012）日常生活に埋もれたやる気．In：感情的動機づけ理論の展開．ナカニシヤ出版，pp.125-144.

Kahn, R.L. & Antonucci, T.C.（1980）Convoys over the life course: Attachment, roles, and social support. Life-Span Development and Behavior, 3, 253-286.

金城辰夫（1980）動機づけ．In：新版 心理学事典．平凡社，pp.621-624.

黄京蘭・関田康慶（2004）介護サービスに対する家族介護者の意識と評価に関する分析．厚生の指標，51(7), 9-15.

厚生労働省（2020）2022（令和4）年 国民生活基礎調査の概況．

久世淳子・樋口京子・加藤悦子（2007a）NFU版介護負担感尺度の作成―介護保険制度導入前後の介護負担感に関する横断的研究．情報社会科学論集，10, 11-19.

久世淳子・樋口京子・門田直美ほか（2007b）NFU版介護負担感尺度の改訂―地域ケア研究推進センターにおける介護保険制度の政策評価と介護負担感．情報社会科学論集，10, 27-35.

Lazarus, L. S. & Folkman, S.（1984）Stress, Appraisal and Coping. Springer.（本明寛・春木豊・織田正美監訳（1991）ストレスの心理学：認知的評価と対処の研究．実務教育出版．）

宮田正子・大川一郎（2006）祖父母と孫の心理的関係―親と祖父母の視点から．高齢者のケアと行動科学，2, 41-55.

内閣府（2011）平成 23 年版 高齢社会白書．

内閣府（2016）平成 28 年度版 高齢社会白書．

内閣府（2020）第 9 回 高齢者の生活と意識に関する国際比較調査．

内閣府（2024）令和 6 年度版 高齢社会白書．

中谷陽明・東條光雅（1989）家族介護者のうける負担―負担感の測定と要因分析．社会老年学，29, 29-39.

新名理恵・矢富直美・本間昭（1991）痴呆性老人の在宅介護者の負担感に対するソーシャル・サポートの緩衝効果．老年精神医学，2(5), 655-663.

新名理恵（1992）痴呆性老人の介護家族者の負担感とその軽減．老年社会科学，14, 38-44.

野口裕二（1993）老年期の社会関係．In：柴田博・芳賀博・長田久雄ほか編：老年学入門．川島書店．

大川一郎（1994）祖父母と孫の心理的関係．高齢者のケアと行動科学，1, 58-65.

岡林秀樹・杉澤秀博・高梨薫ほか（1999）在宅障害高齢者の主介護者における対処方略の構造と燃えつきへの効果．心理学研究，69, 489-493.

岡林秀樹（2007）対人関係，社会生活とソーシャルサポート．In：下仲順子編：高齢期の心理と臨床心理学．培風館．

斉藤雅茂（2008）高齢者の社会的ネットワークの経年的変化―6 年間のパネルデータを用いた潜在成長曲線モデルより．老年社会科学，29(4), 516-525.

櫻井成美（1999）介護肯定感がもつ負担感軽減効果．心理学研究，70(3), 203-210.

檮木てる子・内藤佳津雄・長島紀一（2008）介護結果に対する原因帰属が介護負担感に及ぼす影響―認知症介護をしている家族の場合．老年社会科学，29(4), 493-506.

Zarit, S.H., Reever, K.E., & Bach-Peterson, J.（1980）Relatives of the impaired elderly: Correlates of feelings of burden. The Gerontologist, 20(6), 649-655.

成年後見制度

山口智子

「私はこの問題ができたほうがいいのかい？」これは1990年代に病院の心理検査場面で，90歳を過ぎた高齢者が発した言葉です。家の権利書をめぐる財産トラブルで，判断能力の鑑別が必要になりました。WAISの単語の意味を問う課題では美しい言葉を使って的確な説明をされましたが，動作性の問題はうまくできませんでした。また，別の場面では，父親が経営を引き継いだ息子に「勝手に契約しません」という念書の束を見せられ責められていました。いずれも認知症で判断能力が低下した高齢者が経済的なトラブルに巻き込まれたためです。当時，禁治産・準禁治産制度はありましたが，禁治産は「財産を治めることを禁ず」という意味で，差別的な印象を与える制度の利用を家族は躊躇しました。

このような問題に対して，2000年4月，成年後見制度が介護保険制度と同時に施行されました。成年後見制度は精神上の障害（知的障害，精神障害，認知症など）により判断能力が十分でない方の保護を図りつつ，自己決定権の尊重，残存能力の活用，ノーマライゼーション（障害のある人も家庭や地域で通常の生活をすることができるような社会を作る）を理念としています。判断能力が十分でない方が不利益を被らないように家庭裁判所に申立てをして，その方を援助してくれる人を付けてもらう制度です。

成年後見制度には任意後見制度と法定後見制度があります。任意後見制度は，将来，認知症になるかもという不安を感じている方が，将来を見越して事前に公証人役場で任意後見契約を結び，後に，任意後見監督人の選任をしてもらうものです。法定後見制度は本人の精神上の障害の程度によって，後見，保佐，補助の3つに分かれます。後見はほとんど判断できない人を対象とし，家庭裁判所で選任された成年後見人は本人の財産に関するすべての法律行為を本人に代わって行うことができ，本人が行った法律行為に関しては日常行為に関するもの以外は取り消すことができます。後見人には，これまで，家族や親族が選任されることが多かったのですが，近年では，第三者後見人（主に，弁護士，司法書士，社会福祉士など職業後見人）が選任されることが多くなり，2023年に新たに選任された後見人では，約8割が第三者後見人です。保佐は判断能力が著しく不十分な人を対象とし，選任された保佐人は特定の法律行為について代理権を行使することができます。補助は判断能力が不十分な人を対象とし，選任された補助人は特定の法律行為について代理権または同意権（取消権）を行使することができます。

近年，悪質な訪問販売や悪徳リフォームなどの問題が多発していますが，成年後見制度を利用することで被害を防ぐことができる場合があります。超高齢社会になり，高齢者をめぐるさまざまな社会問題が生じています。対人援助者は，成年後見制度などさまざまな制度を理解しておくことが必要です。

第2部

病　い

第6章
高齢者に生じやすい精神疾患：定義，診断基準と経過

河野直子・尾崎紀夫

はじめに

　こころと寄り添う上で，第1部で扱っているような加齢による認知機能など種々の典型的な変化（加齢性変化）を知っておくと同時に，高齢者に生じやすい病的なこころの変化についても知っておくことが大切です。病気によるこころの変化は，一般的に精神疾患と呼ばれ医療の対象になり得ますから，高齢者に専門的に関わるひとにとって，後者の知識は必須です。高齢者は，感覚器官の衰えや認知機能の低下，社会的な孤立など，老年期に特有の身体や社会的な条件を土壌にして，また，入院や死別体験，引っ越しといったイベントを契機にして，こころの変化を容易に引き起こします。本章では，精神疾患と括られているこころの変化の中から，老年期に代表的な，「認知症」「抑うつ症」「せん妄」を取り上げて概説します。

I　認知症（Dementia）

1．認知症とは

1）老いることと，病いを得ること

　老いは遅かれ早かれ，生きているかぎり，誰にでもやってくるものです。そして，老いる中で心身が変化し，慢性的に，突発的に，いろいろな病気に直面することになります。しかし，「歳をとると病気になる」という言い方は正確ではありません。歳をとれば誰もが経験する心身の変化と，一部のひとだけが経験する変化とがあります。前者は正常加齢，エイジングなどと呼ばれ，後者が病気として体験されることになります。実際のところは，厳密に正常加齢と病気の影響を分離できないこともあるのですが，医学的治療について考えるためには，両者を区別して把握する心構えが必要となります。

　認知症は，一般的に「歳のせい」などと，正常加齢と混同して理解されがちです。たしかに認知症は，若年者より高齢者に多く見られます。しかし，決して誰もが経験するような加齢性変化ではありません。そして以下で説明

> - ●認知症は「症候群」(症状の集まり・状態を表すことば)
> - ●記憶，遂行機能，視空間認知など，1領域以上(DSM-5-TR, 2022)／2領域以上(NIA-AA, 2011)の，以前のパフォーマンス水準よりも有意な認知の低下(DSM-5, 2013)／認知機能ないし行動面の(神経精神病的な)障害(NIA-AA, 2011)があるという証拠
>   　情報源1：本人・本人をよく知る情報提供者・臨床家(DSM-5-TR, 2022)／本人・本人をよく知る情報提供者以上(NIA-AA, 2011)による認知機能低下の懸念
>   　情報源2：標準化された神経心理学的検査ないし定着化された臨床的評価による認知パフォーマンスの障害
> - ●毎日の活動において，認知欠損が自立を阻害する(すなわち，最低限，請求書を支払う，内服薬を管理するなどの，複雑な手段的日常生活動作に援助を必要とする)(DSM-5-TR, 2022)／仕事や日常生活の障害(NIA-AA, 2011)
> - ●認知欠損は，せん妄の状況のみで起こるものでない
> - ●認知欠損は，他の(DSM-5-TR, 2022)／明らかな(NIA-AA, 2011)精神疾患によってうまく説明されない

図1　認知症の概念

するように，認知症として体験される中身はひとによって実に多様なのです。まず，認知症が病気であると捉えるところからはじめてみましょう。

　2）認知症の定義

　認知症は，「いったん正常に発達した知的な機能が，病歴や検査から推測可能な器質的な病変によって，持続的に低下し，複数の認知機能側面に欠損があるために，社会的または職業的機能に支障をきたすようになった状態」と一般的に定義されています(図1)。そして，実際の医療の現場で，目の前の高齢者が認知症であるかどうかを判断するために，アメリカ精神医学会(APA; American Psychiatric Association)による Diagnostic Statistical Manual of Mental Disorders (DSM) 分類や，WHO (World Health Organization) による国際疾病分類，各種の学会やワーキンググループによる診断基準が流通しています。

　APA の診断基準については2013年(日本語版は2014年)に新しい診断体系 DSM-5 が提起されました。DSM-5 において，認知症(dementia)は神経認知障害群(Neurocognitive Disorders)の下位分類群である major neurocognitive disorder (邦訳は認知症：典型的には，神経心理学的検査成績が適切な基準と比べて2標準偏差以上の低下)に包括され，認知と機能の障害の連続体上に位置する mild neurocognitive disorder (和訳は軽度認知障害：典型的には，神経心理学的検査成績が適切な基準と比べて1〜2標準偏

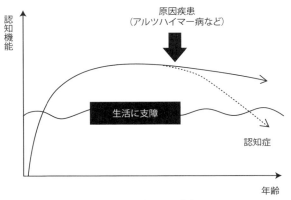

図2 認知症と原因疾患

差以内の低下）と共に，病因を特定し診断されます。major neurocognitive disorder の定義は従来の dementia という用語の適用範囲よりいくらか広範囲に及ぶため，ここでは2011年に National Institute of Aging（NIA）と Alzheimer Association（AA）の診断ガイドライン作成ワークグループから提唱された認知症の診断基準に的をしぼって紹介します。なお，2011年 NIA-AA 診断基準では，すべての認知症疾患に対する臨床診断基準と特にアルツハイマー病（AD）のための診断基準とがそれぞれ提唱されていますが，以下は非 AD 型の認知症にも対応した診断基準になります。また DSM-5 については，その後，修正版（2022；DSM-5-TR）も公刊されていますが，認知症と軽度認知障害の診断基準については大きな変更はないものの，診断時に個人の特徴を補完的に表現するために使用される行動・心理症状についての特定用語が細分化され，一部の症状については訳語を改めるなど，より個々人の状態像を把握しやすくする変更がなされています（松﨑・新井，2023）。

NIA-AA による診断基準では5種類のポイントが示されています（McKhann, et al., 2011）。認知症と診断されるには，第1に，認知機能ないし行動面の（神経精神病的な）障害が確認されることです。具体的には，以下の機能側面のうち2種類以上に症状が確認される必要があります。①記憶や学習の障害，②推論や複雑な課題の解決，判断力といった遂行機能の障害，③視空間認知の障害，④言語の障害，⑤人格，行動あるいは態度の変化です。第2にその認知機能の障害は，①患者あるいは情報提供者からの病歴聴取と，②客観的な認知機能評価の両者を通して検出，診断されることが必要です。②の評価にはベットサイドで行われる精神機能評価法ないし神経心

理検査が該当します。特に神経心理検査については，病歴聴取とベットサイドで行われる精神機能評価法によって診断が確定しないときに実施されるべきとされています。そして第3に，図2に示すようにその障害が職業上の機能を果たすことや日常活動に支障をきたす水準に達していて，本人もしくは家族が困っており，さらに第4として，そういった欠損は先天的なものではなく，病前の遂行機能の水準から著しく低下していることです。また第5として，その欠損はせん妄やほかの精神疾患によってうまく説明されないことです。これら5種類のポイントの中でも，3番目のポイントは丁寧に確認することが重要です。なぜならば，日常生活や社会生活に著しい支障をきたすといっても，各個人が感じる困り方は異なるからです。目に見えて高度な記憶力や判断力を要求される仕事に就いているひとは，少しの認知機能低下であっても著しい支障と受け取られて気づかれるかもしれませんし，自分のペースで地域や家庭の役割をこなしているひとは，かなり認知機能が低下するまで自他共に支障を感じないかもしれません。すなわち，この項目は高齢者のおかれた生活環境と切り離せない内容を含んでおり，問題の聞き取り方によって診断の結果が左右される余地があることに注意しましょう。ただし2011年のNIA-AA基準では認知機能の障害が客観的に確かめられることを項目として採用しており，診断のぶれが生じにくい工夫がなされているといえます。また，ICD-10やDSM-IVの基準では記憶障害を必須としているため，後述する前頭側頭葉変性症のように記憶障害を初期症状としない認知症疾患に対して適用しにくい問題がありましたが，2011年NIA-AA診断基準では，記憶障害，遂行機能障害，視空間認知障害，言語障害を同等に扱い，さらに行動障害を含めている点で新しい内容となっています。

　3）認知症を生じる代表的な疾患

　認知症は，特定の病気につけられた名前ではなく，症状の集まりにつけられた名前です。認知症の症状を引き起こす病気はひとつではありません。そうした原因になる病気のことを原因疾患といいます。中でも，代表的でよく知られているものがアルツハイマー病のような神経変性疾患でしょう。しかし，それ以外にもいろいろな疾患があり，早期に原因を取り除けば，症状の回復が望めるものと，進行性で回復が難しいものとがあります。症状の回復が望める原因疾患には，心臓，呼吸器などの身体の病変によって血液循環や酸素不足が脳の働きを低下させている場合や，栄養素の不足や薬物が脳の働きを低下させている場合，また頭部の外傷による場合や，髄膜炎などの感染

症，いろいろなタイプの脳腫瘍といった頭蓋内の病変などが含まれます。とくに，脳と頭蓋骨の間にある髄膜の一番外側にある硬膜の下で出血が起こり，血の塊ができる硬膜下血腫や，脳脊髄液という脳内の体液の流れが滞って起こる正常圧水頭症のなどは，標準的な手術で症状の改善や軽減を望むことができる認知症として知られています。他方，アルツハイマー病やレビー小体病といった脳の神経細胞そのものに変性が生じる場合，脳血管の病変による場合などは，ゆっくりではあるものの確実に症状が進行することが多く，現在のところ，認知症の回復は難しいとされています。また，回復が望める原因疾患を放置していた場合も改善が難しくなることが多いとされています。このように回復が難しい疾患が目立つために，「認知症は治らない」といった思い込みをしている人がおられますが，前述したように，身体的な治療や手術で認知症の改善，軽減が望める原因疾患もあります。こうした回復が望める原因疾患を見逃さないためには，早期に専門的診断を受け，原因疾患を特定したうえで治療や介護を選択することが望ましいといえます。また，アルツハイマー病やレビー小体型認知症といった原因疾患については薬物療法の適用があります。さらにアルツハイマー病については，従来薬に加えて，2023年末に疾患修飾薬と呼ばれる新しい種類の薬剤が利用できるようになりました。従来薬のひとつは，脳内の特定の神経伝達物質（アルツハイマー病の場合はアセチルコリン等）の分解酵素を抑える働きをもつもので，それによって神経伝達物質を増加させることで，症状の進行を緩やかにする，神経保護作用をもつなどの効果を発揮するとされています。もうひとつは，異常な物質の蓄積に伴って神経を過剰興奮させる物質が増えることでその物質の受容器（NMDA受容体）が過剰に活性されてしまう状態を妨げる働きをもつもので，記憶障害などの進行を緩やかにする，幻覚等の精神症状を改善するなどの効果が指摘されています。一方，疾患修飾薬は神経変性の原因物質（アルツハイマー病の場合はアミロイドβと呼ばれるタンパク質の塊）を標的として作用して除去し，疾患の発症や進行を遅らせることができるとされています。そのために原因となる物質が中枢神経に溜まりきって，はっきりとした症状が現れるよりも前に薬物治療を始めることが望ましいとされ，これまで以上に早期に専門的な診断を受けて原因疾患を特定することが重要視されるようになってきました。認知機能低下が心配される方や認知症と診断された方とお付き合いする際，とくに医療従事者を介して情報を交換する際には，原因疾患を意識したやり取りをすることで，対象者の理解が進みや

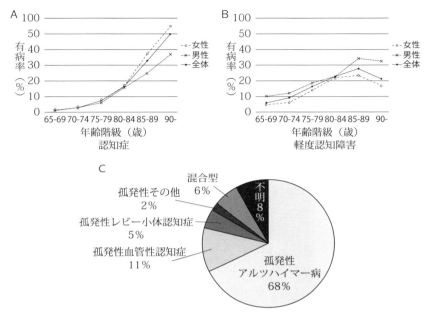

図3 日本の65歳以上人口における認知症（A）と
軽度認知障害（B）の有病率および各病型の割合（C）

すくなるでしょう。

　図3-Aは，2022年から2023年にかけて日本の65歳以上の住人を対象として行われた地域悉皆調査（ただし大阪市吹田市のみ，市民から無作為に対象者を抽出し調査を実施）が示す認知症と判断された人の，図3-Bは軽度認知障害と判断された人の割合（有病率）を示したものです（九州大学，2024）。80歳を超えると急激に有病率が上昇することが見て取れるでしょう。そして認知症の有病率は2012年の厚生労働省からの報告と比べて2022年は低下傾向でした。一方で軽度認知障害の方が増えたことが報告されました。年齢，性別，生活習慣病（とりわけ糖尿病）の有病率が認知症の有病率に影響することはよく知られていますが，研究チームは，「認知症の有病率が低下した明確な理由は必ずしも明らかではない」としながらも，喫煙率の全体的な低下，中年期〜高齢早期の生活習慣病管理の改善，健康意識の変化による影響の可能性が考えられる」と指摘しています。例えばアルツハイマー病の発症を自分の意思でコントロールすることは叶わなくても，生活習慣病の予防や積極的な治療が認知症の発症や進行を抑えることを伝えて

自分の健康に関与する意欲をもってもらうことが重要です。

また図3-Cは，2016から2018年の期間に日本の8地域の65歳以上住民を対象として行われた地域悉皆調査（選出区域のみを対象とする地域も含む）が示すアルツハイマー型，脳血管性，レビー小体型等の原因別の有病率を示しています（Ninomiya, et al., 2020）。全体としてアルツハイマー病の比率が高いことがわかります。また複数の病因が合わさった混合型も少なからず含まれます。これまでの研究は，年齢があがればあがるほど期間中に新たにアルツハイマー病と診断される割合（発症率）は高くなり，他方，脳血管の病変に伴う認知症は加齢の影響が穏やかで，85歳以上になるとむしろ発症率が下がることを報告しています（Matsui, et al., 2009）。さらに前頭側頭型認知症は65歳未満で発症する若年性認知症の群では9％を超える高い構成比を示すことが知られています（Awata, et al., 2020）。ひとくちに「認知症」といっても，原因疾患によってかかりやすい年代が異なるということです。また，目立つ症状も異なります。ここでは，代表的な4つの原因疾患について典型的な経過を中心に紹介します。

　アルツハイマー病による認知症：原因は，アミロイドβタンパクの凝集体と異常なタウタンパクの沈着による老人斑と神経原線維変化の形成に伴い，中枢神経が壊されることであると考えられています。アルツハイマー病の最大の危険因子は加齢であり，高齢者で多く発症しますが，65歳未満で発症する若年例の報告もあります。このアルツハイマー病によって引き起こされる認知症が，アルツハイマー型認知症と呼ばれます。

　アルツハイマー病の主症状は多くの場合，記憶の障害です（多くの場合と断ったのは，記憶障害よりも言語障害や視空間認知障害が先行するタイプのアルツハイマー病についても知られるようになったためです）。ものを置き忘れるようになる，同じことを繰り返し言うようになるといった，ちょっとした記憶障害で気づかれるようになり，初期から中期にかけて，家族旅行などの印象的な出来事があったことをすっかり忘れる，他人との大切な約束を忘れて約束していないと言い張る，といったレベルまで記憶障害がゆっくりと，しかし確実に進行します。また，日時が把握できなくなる見当識障害や，献立のレパートリーが減る，やりかけで置いておかれる物事が増える，機器に一向に慣れられない，趣味に関心を示さなくなる，といった実行機能の障害を疑わせる症状が，あわせて初期からしばしば現れます。さらに進行して中期に至ると，場所を把握することが難しくなって慣れた道で迷ったり，書

字が困難になったりといったように視空間認知・構成の障害が現れてきます（ただし，前述のように視空間認知障害が先行する変異型が存在すると報告されており，必ずしも中期からというわけではありません）。そして後期には，持続的な思考が難しくなり，家族などの人物が区別できなくなって，摂食や入浴，着衣，排泄といった基本的な日常生活動作にも介護を必要とするようになります。

　脳血管性認知症：脳血管性認知症の原因は，脳血管疾患，すなわち大血管の脳卒中や微小血管疾患によって，中枢神経に栄養が行き届かなくなることです。目立つ症状には個人差があります。どの大脳皮質に栄養を送る脳血管に異常が生じるかによって，言語，行為の計画や遂行，空間の把握など多様な認知機能の欠損が起こり得るためです。また，脳の表面（大脳皮質）と脳の深部をつなぐ神経線維（基底核や視床）が障害されることによって，歩行障害や尿失禁，人格変化，感情の平板化，思考速度の低下などといった症状が現れることもあります。経過は，脳卒中の発作を経験するたびに症状が悪化するという階段状の変化が典型的ですが，診断基準によっては発作と症状の時間的な関係を問わないものもありますし，経過のパターンはひとによってまちまちと言わざるを得ません。アルツハイマー病などと合併しその症状を悪化させることもまれではありません。

　レビー小体型認知症：原因は，α-シヌクレインという異常なたんぱく質が凝集したレビー小体が中枢神経に出現することと考えられています。症状は多様で，動作の緩慢，筋肉の固縮といったパーキンソン症状，他者からは確認できないにもかかわらず子どもや小動物などがありありと見えるという訴え（幻視）や人物誤認，レム睡眠行動障害と呼ばれる睡眠中の異常行動，抑うつ状態，便秘などの自律神経症状があげられます。経過としては，こうした多様な初期症状によって気づかれ，その後，持続的な認知機能の欠損がみられるようになりますが，その程度が良くなったり悪くなったりし，明らかな変動を示す点が特徴的です。数分や数時間で認知機能の状態が変動することが多いですが，中には何日かの単位で変動を示すひともいます。この認知機能の動揺がせん妄と類似するため病初期の診断には注意を要します。また，初期には，記憶の障害よりも視空間認知の障害や注意・実行機能の障害が目立つと報告されています。さらに失神や姿勢保持の困難といった自律神経症状があるために，転倒を繰り返すこともまれではありません。とりわけ，抗精神病薬と言われる脳内のドパミン受容体を遮断する薬剤を幻視などの精

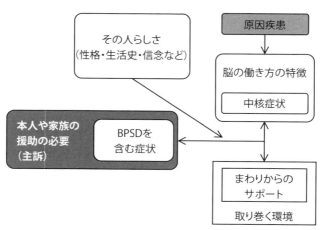

図4 認知症の症状に個人差が生じる理由の模式図

神病症状に対して使うと，副作用としてパーキンソニズムなどの錐体外路症状が生じやすく，運動障害として気づかれやすい点は，介護上，注意を要します。認知機能障害以外の精神症状が前景化する症例において抑うつ症との鑑別診断が課題にもなります。

同じレビー小体という異常なたんぱく質が出現する疾患として，パーキンソン病も知られています。レビー小体が出現する部位の違いや運動症状と認知症の出現の順番の違いによって区別する方法がとられていますが，パーキンソン病で認知機能低下が見られることがわかってきており，臨床的にも生物学的にも両者の区別は難しいとする意見もあります。

前頭側頭型認知症：中枢神経の内，前頭葉と側頭葉という部分を中心に神経細胞の変化が確認され，特有な行動様式や言語面での異常によって気づかれることが多い一群をまとめて前頭側頭葉変性症と呼んでいます。初期から，人格の変化が起こることもあり，病気とは思われずに「歳をとってだらしなくなった」だとか，「がんこになった」などと，パーソナリティの歪みとみなされていることがあります。

症状は多様で，たとえば，着席したと思ったらすぐに立ち上がる，病棟の中を同じ順路，同じタイムスケジュールで巡廻し続ける，「利き手はどちらですか？」とたずねると「キキテとは何ですか？」と答える，万引きを繰り返す，甘いものばかり食べるようになるといった言動を示すことがあります。多様な症状を示す同質でない群が含まれているため，行動障害型，言語障害型に大別されたうえ，言語障害型は意味性認知症と進行性非流暢性失語の2

種類に分類されるなど，さらにいろいろな観点から下位分類されることがあります。『認知症疾患診療ガイドライン』（2017）等の参考文献を参照下さい。

4）認知症の症状と進行段階の評価

認知症では，複数の認知機能の欠損，たとえば記憶障害，見当識の低下，問題解決の困難などが起こり，生活に混乱をもたらします。こうした症状のことを中核症状と呼んでいます。しかし，認知症の症状は中核症状だけではなく，その他の症状があります。

中核症状：記憶障害，見当識障害，実行機能障害などの認知機能の欠損は，認知症の症状の中でも，神経細胞が壊れたり圧迫されたりすることによって脳の働きが直接的な影響を受けることで生じるもので，しばしば「中核症状」と呼ばれます。原因疾患によって，脳の働きの失われやすい側面と保たれやすい側面が異なります。認知症と診断されるすべてのひとに何らかの中核症状がありますが，どれだけ沢山の認知機能の側面に障害があるかと，認知機能の欠損の深度は異なります。この中核症状の程度によって，認知症の進行段階が判断されます。

BPSD：中核症状以外に，生活環境の変化やライフイベント，介護者との関係などの影響を受けて，反応性に生じる症状があります。これらは，感情や行動，妄想形成といった非認知領域の症状としてしばしば現れ，BPSD（behavioral and psychological symptoms of dementia；認知症における行動・心理学的症状）と呼ばれます。BPSDには，幻覚，妄想（物とられ妄想，嫉妬妄想，幻の同居人妄想など），不安，抑うつ状態，意欲の低下，易怒性，攻撃性，徘徊や多動，異常な収集癖，食行動異常，不潔行為，意味のない行為の繰り返し，昼夜逆転などが含まれます。BPSDが現れると，中核症状の程度が軽くても重症化したように受け取られがちですが，認知症の進行は，あくまでも中核症状の程度の変化に応じて判断されます。

日本での調査では，認知症のひとの80％近くに何らかのBPSDが現れると報告されており，決してまれではありません。ただし，BPSDは，認知症のひとならば誰にでも現れるというものではなく，そのひとの脳の働き方と取り囲む環境の相性によって，どのような症状がどの程度現れるかが異なると報告されています。そのため，いったん激しいBPSDが現れたとしても，生活のパターンを変えたりや家族の声のかけ方に工夫を加えるなど環境の調整を行うことによって症状が軽減することがあります。また，原因疾患が進行して脳の働き方が変化することによって，また脳の働き方に作用する薬物

によって，環境が変わっていないにもかかわらずBPSDが治まることもあります。認知症のひとを介護する家族にとっては，中核症状よりもBPSDが介護負担感を左右することがわかっています。認知症の症状は，中核症状にBPSDを合わせたものを指しますから，認知症の治療や福祉を考える際，認知症のひとに合った環境を見極めて工夫や調整を行い，できるだけBPSDを減らすことが，中核症状が進行しないように介入することと共に大変重要です。

2．認知症をかかえる高齢者一人ひとりの理解のために

　日常生活の混乱は，認知症のひとすべてに同じパターンや経過で生じるわけではありません。臨床症状の現れ方やもっとも援助を必要とすること（主訴）には個人差があります。それは，いったいなぜでしょうか。図4に症状や訴えに個人差が生じる理由を模式的にまとめました。こうした症状や訴えの個人差を理解することは，認知症をかかえる高齢者一人ひとりの特別な必要に目を向けることです。個人差の理解を通して，一人ひとりの違いに応じた細やかな援助について考えてみましょう。

　まず，原因疾患が何であるかによって，脳のどの部位にどのくらいの病変が生じるかが異なります。その異なる病変は，脳の働き方の特徴，すなわち認知機能の失われやすい側面と保たれやすい側面の違い（中核症状の様相）および情動や行動の偏り方に影響します。次に，そのひとの生まれもった性格，生育歴，宗教的な背景や信念，ソーシャルサポートの受け入れ方といったそのひとらしさが，脳の働きの低下というストレスに抵抗する力や，どんな対処の方法をとるかといった差として，症状を修飾することがあります。

　原因疾患による脳の働きの低下は，周りのひとにとってだけではなく，認知症のひと自身にも大きなストレスを強いることになります。特に，職業やプライドをもって勤めてきた役割，技能など，そのひとの生きてきた歴史の中で特別に大切にされていた事柄が，認知症によってできなくなる事態（たとえば，タクシードライバーだった方が，自動車の運転免許証を失効すること）は，他人には計り知れない喪失として，本人には体験されることでしょう。そもそも肉体的，精神的ストレスへの耐性や対処方略が異なる上に，それぞれが喪失を体験する場面にもばらつきがあるため，認知症をかかえる高齢者の訴えやBPSDなどの行動変化は，一人ひとり，まったく異なるように感じられる結果になるのです。

表1 アルツハイマー型認知症とせん妄，うつ病における症状の比較
（田中・武田（2011）を参考に作表）

特徴	アルツハイマー病	せん妄	うつ病
発症	ゆっくりしている	急激，夜間が多い	ゆっくりなことが多い
経過	安定している	動揺する，夜間に悪化	あまり変化はない
期間	永続的	数時間から数週間	数週間から数年
意識	清明	低下，変動あり	清明
覚醒度	通常は清明	異常に低い，もしくは異常に高い	大きな異常はない
睡眠	たいてい正常	常に混乱する 傾眠がみられることも	不眠の訴え
知覚	初期には欠くが，後期には異常がでることも	よくみられ，通常は視覚性（誤認と幻覚）	正常
注意・集中	初期には欠くが，進行性に低下	混乱が強く，刺激に影響されやすい傾向	変動はないが，低下
見当識	時間，場所，人物の順に徐々に低下	一斉に障害，変動あり 時間および馴染みのない場所や人物を誤る傾向	正常
短期記憶	初期には欠くが，後期には障害される	常に障害される	変動はないが，低下
近時記憶（課題反応）	初期から障害され，徐々に進行（しばしば取り繕う応答）	障害され，変動する（再生不可能でも，再認可能であることも）	あまり変化はない（「できない」「わからない」と言う割に成績良好）
発話	初期には換語困難程度だが，進行性に低下	支離滅裂なことが多い	通常は可能

　第3に，認知症のひとを取り囲む環境は千差万別です。独居か否か，配偶者の有無，頼れる身内が身近にいるか否かなど，居住環境も違いますし，施設入所や転居，配偶者や友人の死など，体験するライフイベントも異なります。さらに，生活を維持するために，周囲の環境や周囲のひとから要求される内容と脳の働き方の特徴との相性によって，症状を自覚する強さや，主観的な混乱を経験する頻度や度合いが異なるでしょう（岸川，2003）。このことがBPSDの現れ方にしばしば影響し，関わるひとの負担感や困惑の度合いを左右します。たとえば，視空間認識能力が低下しており，暗い部屋の壁にコートが掛けられていると見知らぬひとがいると勘違いして落ち着きがなく

なる認知症の方の場合は，部屋の明るさを確保して人型に見えるものを置くことを避けるといった環境調整を行うことで落ち着きを保つことができるでしょう。また，中核症状の進行度が同等のＸさんとＹさんが居たとしても，その２人が同じような生活習慣や職業生活を続けるために発揮しなければならない力は，周りのひとによるサポートの量によって異なります。たとえば服薬管理について，軽い記憶障害をかかえていても，飲む時間に家族が電話で，飲みはじめと飲み終わりを確認することでうまく続けられている場合があります。しかし，こうした人的サポートが得られない環境に居る高齢者であれば，早い段階から服薬管理が介護上の課題となるでしょう。以上のような取り囲む環境の違いが，症状や訴えに個人差が生じる３つ目の背景です。

　認知症の方が多く訪れる「もの忘れ外来」などでお話を聞いていると，認知機能検査（第７章参照のこと）の成績が同じ程度で中核症状が似ているひとであっても，ご本人の困り方は本当にいろいろであることを実感します。「今，一番困っていることは何ですか？」という私の問いに，「論文が書けなくなってきたことです。いろいろなアイデアをメモにしてあるのですが，それがうまくまとまりません」とお答えになった方がいらっしゃいました*。英語を用いた専門的な仕事についておられる方でした。社会で活動する多くのひとにとっては，論文を書く機会自体がほとんどないため，「論文が書けないこと」が症状を自覚する機会として働くことはないでしょう。しかし，この方は，認知症の中核症状による自身の職業生活や役割上の破綻を「論文が書けない」という形で繰り返し体験し，強い喪失感を覚えておられました。そして，もの忘れの症状だけでなく，その自覚の強さゆえに，気分がふさぎ込みがちになり，眠れない，食欲がないといった不調も生じるようになっておられました。

　認知症をかかえる高齢者，一人ひとりを理解し，できるだけ個人に適した福祉を実現するためには，原因疾患の把握，中核症状の様相の理解といった医学的な情報を把握することに加えて，その方の希望や好み，性格，信条，教育歴，職歴といったそのひとらしさを理解するように努めたり，取り囲む環境，とくにサポート体制の状況を評価して，本人に要求される能力水準が中核症状から見て適当かどうかを見極めたりすることがとても大切なのです。

　＊複数のケースを元にした架空事例です。

II 抑うつ症とせん妄 (depressive disorder and delirium)

　認知症（dementia）に加えて，うつ病（depression）とせん妄（delirium）は，老年期に多いＤの頭文字から始まる精神的な症状ということで「３つのＤ」と紹介されることがあります。また，認知症の状態を正しく評価したり介入の計画を立てたりする上で，抑うつ症とせん妄を正しく区別することが必要です。ただし，悩ましいことに，認知症と抑うつ症を併発する場合や，抑うつ状態そのものが認知症の初期症状である場合，レビー小体型認知症のようにせん妄と症状が区別できない場合などがあります。そこで，ここでは，抑うつ症とせん妄について診断基準を紹介するとともに，表１にまとめた３者の区別について説明します。

1．せん妄

　せん妄は広い意味で意識の障害に含まれる状態です。軽い意識の混濁に加えて，興奮，幻覚，誤認，不安などが現れて，混乱した言動が見られる状態を指します。原因はいろいろですが，「環境を認識して注意を集中したり，必要に応じて転じたりすることの困難が見られるような意識の清明度の低下と，認知や知覚の障害が，短期間の間に出現し，１日の中で変動する」という症状が確認されたときに，せん妄と呼ばれます。

　APAの診断基準では，せん妄の直接因子を２つに大別して整理しています（APA, 2013）。第１に，身体疾患によって直接的な生理学的変化が生じた結果生じてくるせん妄があります。例えば，高熱が出ているときや，低血糖のときに生じるせん妄がここに含まれます。第２に，薬やアルコールなどの物質に誘発されて起こるせん妄があり，物質の摂取期間中もしくは摂取直後に起こるせん妄と，長期間にわたる物質の摂取を突然やめた後に起こる「離脱症候群」であるせん妄が区別されます。また，複数の病因が特定されている場合や特定不能のせん妄が区別されます。

　高齢者や，認知症のひとは，脳の働き方が健康なひとに比べてせん妄を引き起こしやすい状態にあります。そのため，ちょっとした入院などの環境の変化や脱水などの身体状態の変化によってせん妄を起こすことがあります。せん妄と認知症では，共に，認知機能の欠損が生じるため，区別が難しいことも多いのですが，急に，特に夜間に，認知症の中核症状が重くなったように感じる場合，薬の処方箋に変更があった後や入院中などに生じる中核症状

の動揺は、せん妄と捉えて対応することが望まれます。具体的には、日時や場所、人物の見当がつかなくなる、発話のスピードが異常に早くなり支離滅裂で理解できなくなる、もしくは発話のスピードがゆっくりすぎて意味がとれないといった会話パターンの変化、「2・7・5」「8・1・4・7」といったごく短い数字列を復唱できなくなる短期記憶の低下などが、1日の経過を通じて変動して感じられるときには注意が必要です。

2．抑うつ症

　なんとなく気分が晴れず、何をしても楽しい気分になれないし、何をする気にもなれないというような憂うつ気分が時々起こるというのは、日常的なこころの状態です。しかし、その気分そのものがより深刻となり、解消されないまま持続し、気分だけの問題に留まらず、妄想が形成されたり、行動や身体状態などにも変化が現れたりし、日常生活や社会生活に影響が生じるときには、抑うつ症と呼ばれ、医療的な援助の対象とされます。

　APA（2022）による診断基準において、抑うつ症は原因となりそうな身体疾患がなく、また気分の変調を来すような物質の服用もしていない状況で、抑うつ気分または何があっても興味も喜びが感じられないという症状が2週間以上、ほとんど一日中、ほとんど毎日続く状態（抑うつエピソード）を経験しており、躁エピソードないし軽躁エピソードを経験したことがないこと。そしてその症状が、統合失調スペクトラム症及びその他の精神症群に含まれる精神障害で説明できず、臨床的に意味のある苦痛または社会的、職業的、ないしその他の重要な領域における機能障害をひきおこしていることが診断の目安になっています（APA, 2022）。

　この抑うつエピソードの期間中は、食欲の変化（減少ないし増加）や睡眠障害（不眠もしくは過眠）といった身体面の症状が出てくることがあります。さらに、「自分は役立たずの人間だ」「皆に申し訳ない」といった思いにとらわれて、「役立たずの自分などこの世の中にいないほうがよい」「迷惑をかけて申し訳ないので、消えてなくなりたい」と自殺の企てをする場合があります。自殺をほのめかすような訴えがあったときには、「絶対に自殺をしないこと」を本人と約束し、すぐに医療機関で適切な治療が受けられるよう、手配することが必要です。このような抑うつエピソードの症状は若い抑うつ症のひとでも見られます。そして年齢によらず治療にあたって双極症の区別が重要視され、『日本うつ病学会治療ガイドライン（Ⅱ．うつ病（DSM-5）／

大うつ病性障害：2016; 2019 序文改訂）』には，「元々明るく活発かどうか（発揚性），気分の波があったかどうか（循環性），出来事によって気分が変わりやすいかどうか（気分反応性）の確認は重要」と書かれています。出会った時点で抑うつ症状が目立っていても，気分の高揚や活動性が亢進したように見えた時期がなかったかを把握した上で，たとえ診断基準を満たさないような軽微な変化であっても双極症の可能性を考慮し続ける慎重さを要するのです。

　一方，老年期の抑うつ症は，典型的な抑うつエピソードがなかったり，身体の問題として訴える（心気症）傾向があったり，正常加齢や他の身体疾患による変化との区別が難しかったりし，抑うつ症なのかどうかわかりにくいのが特徴です。また，老年期の抑うつ症では，「お金が全くない」「重大な病気にかかっている」「罪を犯したので罰が下る」といった実際にはあり得ないことを強く信じる妄想を呈する場合があります。さらに高齢者の気分の問題は，若いひとの抑うつ症と比べて，アルツハイマー病や脳血管性の病変といった脳の働きの低下や甲状腺機能の障害といった身体的な問題が関与して発症する例が多いと報告されています。

　上記のガイドラインでも，「情報聴取の過程で，言い間違いや迂遠さが目立てば，意識障害や認知機能・知能の低下を疑い，「他の医学的疾患による抑うつ障害」の検討を精細に実施する必要」が指摘されています。また，死別や社会的役割の喪失，視聴覚や身体状態に対する不安といった老年期に特有の出来事を契機とした憂うつ気分が解消されないまま，不調を訴え続けることがあります。これまでの研究によって，老年期の抑うつ状態は，閉じこもりや認知症と相互に密接な関連をもち，生活機能レベルの低下や要介護状態への移行，医療費の増大，死亡リスクの増大など，高齢者の健康状態全般に影響を及ぼすことがわかっています。高齢者に生活パターンの変化や身体的な活動性の低下などが生じた場合には，抑うつ状態が遷延していないか注意深く見守る必要があります。特に，抑うつ症の高齢者は，こころやからだの不調を「自分が悪いせい」と捉えていることがしばしばあり，他者の助けを求めない傾向にあります。こういうときには，本人のせいではないことや，治療を受けることで改善することを説明して，周囲から治療に導いていく必要があります。また，抑うつ症の本人は，「億劫」「やる気が出ない」といった疲労感や，「考えが進まない」「決められない」「物事の優先順位がつかず，大変なことになったと感じる」といった思考・判断力の低下を体験している

ことがあります。こうした状態のとき，ひとはイライラとしてこころ落ち着かないものです。自分のこころの変調について，上手くことばにできないこともよくあります。本人の訴えが不明確に感じられたり，繰り返しに聞こえたり，さらには攻撃的に感じることがあっても，忍耐強く聞き入れ，温かい対応を心がけることが望まれます。

おわりに

　老年期は他の世代に比べて「心身相関が高い」と表現されることがあります。心身相関が高いというのは，こころの問題とからだの問題が密接に関わっているということです。高齢者では，こころの不調の背景に身体的な問題がひそんでいることもまれではありません。またそのひとの生き方やおかれている環境がこころの問題と分かち難く関連していることがあるとされます。こころの問題と向き合いながら，身体面や社会的な関係に広く目を届ける姿勢でありたいものです。からだの問題を改善するためにも，こころの不調のサインを見逃さないことが重要です。例えば，認知症，抑うつ症状，せん妄の3者に共通して，本人もしくは家族から「もの忘れ」が訴えられることがしばしばあります。もの忘れの訴えは，高齢者の心身の病気を捉えるための重要なサインといえます。しかし，一方で，もの忘れは，正常加齢によっても生じます。「以前に比べてもの忘れがひどくなった」ことに対して過剰な不安を抱いてしまう高齢者もいます。こうした方には，若いころに比べて記憶力が低下することは，正常な老いによるものであり，日常生活に影響しない程度のもの忘れに余計な不安を抱く必要はないことを伝えることも大切です。

文　　献

American Psychiatric Association (2013) Diagnostic Statistical Manual of Mental Disorders:DSM-5.―5th ed. Arlington, VA; American Psychiatric Publishing.（高橋三郎・大野裕監訳（2014）DSM-5 精神疾患の診断・統計マニュアル．医学書院．）

American Psychiatric Association (2022) Diagnostic Statistical Manual of Mental Disorders, 5th Edition Text Revision: DSM-5-TR. Arlington, VA; American Psychiatric Publishing.（高橋三郎・大野裕監訳（2023）DSM-5-TR 精神疾患の診断・統計マニュアル．医学書院．）

Awata, S., Edahiro, A., Arai, T., et al.（2020）Prevalence and subtype distribution of early-onset dementia in Japan. Psychogeriatrics, 20(6); 817-823.

岸川雄介（2003）痴呆の介護に困ったら．ワールドプランニング．

九州大学（2024）令和5年度老人保健事業推進費等補助金（老人保健健康増進等事業）「認知症及び軽度認知障害の有病率調査並びに将来推計に関する研究」報告書．https://www.eph.med.kyushu-u.ac.jp/jpsc/uploads/resmaterials/0000000111.pdf?1715072186（2024/10/1ダウンロード）

Matsui, Y., Tanizaki, Y., Arima, H., et al.（2009）Incidence and survival of dementia in a general population of Japanese elderly: The Hisayama study. Journal of Neurology, Neurosurgery & Psychiatry, 80; 366-370.

松﨑朝樹・新井哲明（2023）神経認知障害群：DSM-5からDSM-5-TRへの診断基準の変更点．精神医学，65(10); 1434-1438.

McKhann, G. M., Knopman, D. S., Chertkow, H., et al.（2011）The diagnosis of dementia due to Alzheimer's disease: Recom- mendations from the National Institute on Aging-Alzheimer's Association workgroups on diagnostic guidelines for Alzheimer's disease. Alzheimer's & Dementia, 7; 263-269.

日本神経学会・「認知症疾患診療ガイドライン」委員会編（2017）認知症疾患診療ガイドライン．医学書院．

日本うつ病学会・気分障害の治療ガイドライン作成委員会編（2016；2024一部修正）日本うつ病学会治療ガイドラインⅡ．うつ病（DSM-5）／大うつ病性障害2016．https://www.secretariat.ne.jp/jsmd/iinkai/katsudou/data/20240301.pdf（2024/10/1ダウンロード）

Ninomiya, T., Nakaji, S., Maeda, T., et al.（2020）Study design and baseline characteristics of a population-based prospective cohort study of dementia in Japan: The Japan Prospective Studies Collaboration for Aging and Dementia (JPSC-AD). Environmental Health and Preventive Medicine, 25, 64. https://doi.org/10.1186/s12199-020-00903-3

田中稔久・武田雅俊（2011）うつ病，せん妄と認知症．日本臨床，69（増刊号8）; 384-389.

精神障害の分類と診断基準

河野直子

老いのこころを病気の観点から見ていこうとするとき欠かせない事柄に，症状を分類する手続き（診断基準）があります。ひとりの高齢者の情報を，複数の医療従事者やケア従事者で共有する場面は多くあります。そうした場面で，症状の呼び名が各々で異なると，情報共有ははかどりません。そうならないためには，高齢者によく生じるこころの病気について，関係者がその呼び名とよく用いられる診断基準を知っておくことが大切です。

私たちは，ある症状が心身に現れ，それまでの生活を継続できなくなったときに「病気になった」と言います。そして，「インフルエンザウィルス」のように，症状（風邪）の原因によってしばしば疾患を区分します。しかし，症状が確認されても原因がよく分からない場合は多くあります。残念ながら，こころの病気の多くは原因がはっきりしていません。それでも，症状を訴えるひとの苦しみ（病）やお困りごと（病気）の全体を理解し，研究し，治療や援助の方法を考えていく必要があります。

そこで，こころの病気に関しては，ある症状を訴えるひと達について世界的に統一した手続きで分類を行い，情報の共有を行いやすくしようという取り組みが進められてきました。現在，こころの病気について心理学分野で幅広く用いられている分類の基準と分類の手続きは，アメリカ精神医学会（American Psychiatric Association; APA）による診断基準でしょう。具体的には，「X症状と診断をするためには，Aの特徴が必ずあり，B，C，Dの特徴の内2種類以上がなくてはならない」というように書かれています。この手続き（操作的診断基準）の採用によって，診断の信頼性が高まりました。

こうした診断の手続を統一しようとする考え方は，1970年代に始まりましたが，実際に，世界的に使われるようになったのは，1980年に『精神疾患の診断と統計マニュアル（Diagnostic and Statistical Manual of Mental Disorders; DSM）第3版』が発表されて以降です。現在は，第5版（2013；DSM-5）とその後発刊されたDSM第5版修正版（2022；一般に，DSM-5-TRと略記される）が主に用いられています。この教科書で扱われるこころの病気の呼び名や分類も，特に断りがない限り，このDSMに依っています。「認知症のAさん」という場合，Aさんは6章の図1に示すような基準を満たす状態にあるということです。

第7章
高齢者のアセスメント

牧野多恵子

はじめに

　目の前にいる高齢者に何らかのケアを提供しようとする時，まず第1に「この人は一体どのような人か？」「どのようなケアを必要としているか？」などと考えることが不可欠であることは言うまでもありません。その高齢者がどのような状態にあるのか，どのようなケアが必要と考えられるのか，さまざまな方略を用いてできるだけ正確に理解しようとする手続きを「アセスメント」と呼びます。日本語では「査定」と訳します。この章では，アセスメントの種類およびアセスメントをする上での留意点を中心に概説します。

I　高齢者のアセスメントの種類

　アセスメントには，行動観察・面接・心理検査といったさまざまな種類があります。実際の臨床場面では，認知機能・情動状態・日常生活動作・人格などに関して多面的にアセスメントを行います。ここでは，臨床現場でよく用いられるアセスメントの種類のいくつかを紹介します。具体的な尺度内容や施行方法，詳細な解釈の仕方に関しては参考文献を参照してください。さらに多くの種類について学びを深めたい人には，小海（2019），小海・若松（2012）をお勧めします。

1．高齢者の認知機能のアセスメント

　認知機能とは，記憶力・注意力・見当識・視空間認知力・思考・判断などといった，社会活動を行う上で欠かすことのできない知的機能のことを言います。高齢者の認知機能のアセスメントは，非常に重要です。なぜなら，老年期は認知症の発症率が急増する時期であるからです。認知機能のアセスメントは，正常老化としての認知機能を有しているか，あるいは，認知症が疑われるレベルの認知機能障害があるかといったことを明らかにするための情報を提供することができます。アルツハイマー病に対する新薬開発が精力的

に進む中，認知症を早期にかつ適切にアセスメントすることがますます重要視されてきています。この点で，認知機能のアセスメントもまた同様にますます重要視されてきています。

さらに，高齢期の認知機能の低下は，うつ病などメンタルヘルスの問題と関連することもよく知られています。さまざまな種類の認知機能のうち，どの機能が保たれどの機能が障害されているのかといった障害のプロフィールを調べることで，認知機能低下の背景にどのような問題があるのか，検討する材料にもなります。

認知機能の低下は，その高齢者の生活の自立を妨げます。正確な認知機能のアセスメントは，その方のその後の生活に対する示唆を与えるものともなるのです。

1）認知機能障害のスクリーニング検査

設定されたカットオフポイントにより，認知機能障害があるかないかを評価することをスクリーニングと言います。カットオフポイントとは，認知症の可能性を判定する際の基準となる得点のことです。

MMSE（Mini-Mental State Examination：ミニメンタルステート検査）：Folsteinら（1975）によって開発された認知機能検査です。日本語版は，森ら（1985）によって作成されました。時間見当識など11の下位項目から構成されており，得点範囲は0〜30点，カットオフポイントは23／24（23点以下を認知症の疑いありと判別）とすると良いとされています。しかしながら実際のところ，初期の認知症患者の中には24点以上の成績を示す方も多いと言われており，軽度の認知機能障害を検出するには，より詳細な検査の実施をすべきであるとされています。総得点だけでなく，検査結果を綿密に検討することによって，有益な知見が得られるテストでもあると思います。小海ら（2014）は，各下位項目に関して「生じると考えられる生活障害」，「考え得るケア・アドバイス」を体系表にまとめており（表1），結果の解釈に役立ちます。

HDS-R（Revised Hasegawa's Dementia Scale：改訂長谷川式簡易知能評価スケール）：1974年に開発された長谷川式簡易知能スケールの改訂版として，加藤ら（1991）によって作成された認知機能検査です。年齢を尋ねる質問など9の下位項目から構成されており，得点範囲は0〜30点，カットオフポイントは20／21（20点以下を認知症の疑いありと判別）とすると良いとされています。小海ら（2014）による，各下位項目に関して「生じ

表1 MMSEの課題名，評価内容，各認知機能障害によって生じると考えられる生活障害，考え得るケア・アドバイスとしての体系表 （出典：小海・與曽井，2014；一部改変）

	課題名	評価内容	生活障害	ケア・アドバイス
1	時間見当識	時間的見当識	時間的認識の混乱	リアリティ・オリエンテーション
2	場所見当識	場所的見当識	道に迷う	生活空間に規則性を作る 新規の場所は付き添う
3	3単語の即時再生	聴覚言語記銘 即時再生	同じことを何度も聞く，言う	自尊心を傷つけずに聞き流す
4	計算	分配性注意・論理的ワーキングメモリ 持続性注意 不注意 計算	同時処理力低下 疲労蓄積による失敗 モニタリング機能低下 論理的イメージ機能低下	1度に複数のことを頼まない 疲れさせない 手掛かりメモを活用する 電卓を活用したり代理で計算する 自動車の運転を止めさせる
5	3単語の遅延再生	把持・再生	同じことを何度も聞く，言う 何も覚えられない	メモを書いて渡す，貼る 目に付く場所に必需品を置く
6	物品呼称	失名詞	喚語困難	周囲が推測する
7	文章復唱	感覚言語 運動言語 聴覚言語記銘容量 イメージ力	感覚失語 運動失語 聞いたことを覚えられない 空間的イメージ機能低下	本人が理解できる言葉を探す 周囲が推測する 指示を短くする 視覚的補助を添える
8	聴覚的指示理解	聴覚言語従命 遂行機能 失行	頼まれたことができない 遂行機能低下 失行	指示を短くする スモールステップで指示する 簡易な家電や使い慣れたものを利用する
9	視覚的指示理解	読字障害	新聞・雑誌・本などへの関心がなくなる 失読	興味のあるテレビを見る
10	書字	書字障害	書類等の手続きができない 失書	代筆する
11	図形模写	視空間認知構成	道に迷う 失行	生活空間に規則性を作る 簡易な家電や使い慣れたものを利用する 自動車の運転を止めさせる

表2 HDS-Rの課題名，評価内容，各認知機能障害によって生じると考えられる生活障害，考え得るケア・アドバイスとしての体系表（出典：小海・與曽井，2014；一部改変）

	課題名	評価内容	生活障害	ケア・アドバイス
1	年齢	自己認知	記憶障害拡大 判断力低下	支持的に関わる
2	時間見当識	時間的見当識	時間的見当識の混乱	リアリティ・オリエンテーション
3	場所見当識	場所的見当識	場所が分からない 道に迷う	生活空間に規則性を作る 新規の場面は付き添う
4	3単語の即時再生記銘	聴覚言語記銘 即時再生	同じことを何度も聞く，言う	自尊心を傷つけずに聞き流す
5	計算	分配性注意・論理的ワーキングメモリ 不注意 計算	同時処理力低下 モニタリング機能低下 イメージ機能低下	1度に複数のことを頼まない 手掛かりメモを活用する 自動車の運転を止めさせる
6	数逆唱	分配性注意・論理的ワーキングメモリ	同時処理力低下	1度に複数のことを頼まない
7	3単語の遅延再生	把時・再生	同じことを何度も聞く，言う 何も覚えられない	メモを書いて渡す，貼る 目に付く場所に必需品を置く
8	5物品の即時再生	視覚記銘 即時再生	同じものを買ってくる 喚語困難	メモを渡す 周囲が推測する
9	単語想起	想起判断 知的柔軟性 流暢性	イメージ想起困難 思考判断力低下 流暢に話せない	具体的に指示する 周囲が確認する 周囲が推測する

ると考えられる生活障害」，「考え得るケア・アドバイス」をまとめた体系表を表2に示しますので，参考にしてください。

　MoCA（Montreal Cognitive Assessment：モントリオール認知アセスメント）：MMSEやHDS-Rでは困難である，軽度の認知機能障害の検出に有用とされるスクリーニング検査です。Nasreddineら（2005）によって開発され，日本語版は，Fujiwaraら（2010）によって作成されました。視空間認知，遂行機能，言語，記憶，注意，見当識といった多領域の下位項目から構成されており，得点範囲は0～30点，カットオフポイントは26／25（25点以下を軽度認知障害（Mild Cognitive Impairment：MCI）の疑いありと判別）とすると良いとされています。

　2）認知機能の多面的評価のための検査
　認知機能の評価は，スクリーニング検査で認知症の可能性を評価するだけ

でなく，多面的に評価を行うことが重要です。なぜなら，どの機能が保たれていてどの機能が障害されているのかを見ることで，その方により合ったケアを考えることができるからです。さらに，認知症の鑑別診断を行う際にも，多面的評価は有用な情報を提供することができます。

WAIS-IV（Wechsler Adult Intelligence Scale-Fourth Edition）：1955年にWechslerが作成したWAISは，複数回の改訂を経て，2008年にWAIS-IVが刊行されました。標準化された日本語版は，日本版WAIS-IV刊行委員会（2018）により作成されました。WAIS-IVは，16歳0カ月から90歳11カ月までの成人の知的機能を測定することを目的とした検査です。15の下位検査から構成されており，これらの検査結果から，全検査IQのほかに，言語理解指標，知覚推理指標，ワーキングメモリー指標，処理速度指標の5つの合成得点が算出できます。

COGNISTAT（Neurobehavioral Cognitive Status Examination）：アメリカで作成されたCOGNISTATの日本版は，2004年に松田らにより作成されました。20歳から87歳までの成人の知的機能を多面的に測定することを目的とした検査で，3領域の一般因子（覚醒水準・見当識・注意力）と5領域の認知機能（言語・構成・記憶・計算・推理）の評価を行います。検査結果はプロフィールの形式で，機能別に障害の程度を表せるようになっています。

3）記憶力の検査

認知症疾患の中で特にアルツハイマー病は，早期から記憶力の低下が認められます。したがって，記憶の検査は臨床現場においてよく用いられています。

WMS-R（Wechsler Memory Scale-Revised）：16歳から74歳までの成人の記憶の評価を目的として，1987年にアメリカで刊行されました。日本版は杉下（2001）によって標準化されました。全年齢を9つの群にわけ，各年齢群ごとに相対的に記憶の程度が評価できるようになっています。

リバーミード行動記憶検査（The Rivermead Behavioral Memory Test）：Wilsonら（1985）によって開発された，行動記憶の検査です。日本版は綿森ら（2002）によって標準化されました。日常生活の中で記憶を使う場面を想定した検査課題によって構成されています。

4）経時的変化の評価

ADAS（Alzheimer's Disease Assessment Scale）：Mohsら（1983）によって開発された，質問法によるアルツハイマー病の検査です。記憶を中心とする認知機能と，情緒を中心とする非認知機能の2つの下位尺度から構成され

ています。日本語版は，本間ら（1992）によって作成されました。認知機能下位尺度日本語版（ADAS-J cog）の得点範囲は0〜70点で，得点が高いほど障害は重度です。経時的に複数回施行し，得点変化によって認知機能の変化を評価することを目的とした検査です。

2．高齢者の情動状態のアセスメント

　老年期は，身体的な老化という生物学的な変化に加えて，配偶者・友人との死別，職業からの離別といった「喪失」を体験する機会も多く，生物・心理・社会的な要因からうつ状態になりやすいと言われています。うつ病をはじめとしたメンタルヘルスの問題は，認知機能にも影響を及ぼすことがまたよく知られています。そのような点から，情動状態のアセスメントも極めて重要なのです。

　GDS（Geriatric Depression Scale）：Yesavageら（1983）によって作成された高齢者の抑うつを評価するための自記式の尺度です。尺度は30項目から構成され，回答は「はい」「いいえ」の二者択一方式です。短縮版も開発されており，15項目から構成されている尺度の日本語版は，矢冨（1994）により作成されています。15項目短縮版のカットオフポイントは，5／6（6以上該当する項目があれば，うつ状態の可能性が高いと判別）とするのが良いとされています。

　やる気スコア：やる気スコアは，アパシー，つまり意欲障害を評価するために開発された自記式の評価尺度です。Starksteinら（1992）によって開発されたアパシースケールを岡田ら（1998）が邦訳し，用いられています。尺度は14項目から構成され，4件法で回答を求めます。スコアが高いほどアパシー傾向が強いとされ，カットオフポイントは15／16（16以上であれば，アパシー状態である可能性が高いと判別）とされています。強いアパシーがある方や，質問文が理解できない方などには施行困難となりますから，客観的な評価が必要です。

　NPI（The Neuropsychiatric Inventory）：Cummingsら（1994）により作成された，介護者との構造的面接に基づいて行う評価尺度です。日本語版は，博野（1997）により作成されています。認知症患者でよく認められる精神症候である妄想，幻覚，興奮，うつ，不安，多幸，無為，脱抑制，易刺激性，異常行動の計10項目について存在が疑われる場合には，下位質問を行ってその行動の重症度と頻度を定められた基準にしたがって判定します。点数が

高いほど頻度・重症度が大きいことを示します。

3．高齢者の日常動作に関するアセスメント

　Barthel Index：MahoneyとBarthel（1965）によって作成された評価尺度です。普段の生活に必要な基本的動作（食事，更衣，整容，トイレ，入浴など）が可能か否か・援助を要するか否かを評価するために用いられます。

　IADL（Instrumental Activities of Daily Living Scale）：Barthel Indexよりも高機能のセルフケア能力に焦点を当てた行動観察評価尺度としては，LawtonとBrody（1969）が開発したIADLがあります。この尺度は，電話の使い方・買い物・食事の支度・家事・洗濯・移動外出・服薬の管理・金銭の管理といった8項目の手段的日常生活動作能力を評価するものです。

4．認知症の重症度に関するアセスメント

　CDR（Clinical Dementia Rating）：Hughes（1982）によって作成された認知症の評価法です。本人の面接および介護者からの情報をもとに評価をします。判定用ワークシートは，目黒（2004）によって翻訳されています。項目は，記憶，見当識，判断力と問題解決，社会適応，家庭状況および趣味・関心，介護状況の6領域からなります。6領域の項目を独立に評価し，これらを総合して，「健康（CDR 0）」「認知症の疑い（CDR 0.5）」「軽度認知症（CDR 1）」「中等度認知症（CDR 2）」「重度認知症（CDR 3）」の5段階で重症度を判定します。記憶の障害の程度を基準とした判定の仕方が定められています。

　FAST（Functional Assessment Staging）：Reisbergら（1984）によって作成された評価法です。認知症の中でも特にアルツハイマー病の重症度を評定することを目的として，国際的に用いられています。評価は，本人に対する観察および介護者からの情報をもとに検査者が判断し行います。ステージ1「認知機能の障害なし」～ステージ7「非常に高度な認知機能低下」の7段階のステージが設けられており，高度以上に進行した段階であるステージ6と7にはそれぞれ下位分類があり，病状の進行に応じた詳細な評価ができるようになっています。

5．高齢者の人格のアセスメント

　高齢者の人格，いわゆる「どのような性格特徴を持つ方か」をアセスメントすることも非常に重要です。人格のアセスメントについては，第1部第3

章を参照してください。

II 高齢者のアセスメントを行う上での留意点

　高齢者のアセスメントを行う上で，留意しなくてはならない最大のポイントは，その方に対して「常に敬意を払う」ということです。誤答が多いからといって幼児に接するような態度で検査を実施したり，相手が疲れている様子なのにもかかわらず無理やり最後まで実施してしまおうとするなどの行為は，絶対にあってはいけません。その方の普段どおりの力が発揮できるようなアセスメントを行うためには，まずはその方への敬意を忘れないことが必須になると思います。その他に留意すると良いポイントをいくつか列挙します。

1．検査の前に
1）事前に情報収集を行っておく
　アセスメントする方について，現在どのような事実がわかっていて，アセスメントを通してどのようなことが理解される必要があるのかといった，目的を明らかにしておかなければアセスメントの意味はありません。心理検査は，それぞれが目的を持って作成されていますから，検査内容をよく吟味して，相手の状態により適切な検査を組み合わせて行うことが必要です。
2）検査のための環境整備をしておく
　検査をする際には，適切な環境を整備しておくことが必要です。大きな声を出さなくても声が聞こえる，静かで落ち着いた場所が望ましいと思います。
3）安心感を与える
　初対面の相手に対して，いきなり検査をはじめることは絶対にしてはいけません。特に，認知機能低下のある方は不安感や緊張感が高くなりがちであることが多いので，不安を増大させないような配慮が必要です。まずは自己紹介や，体調や日々の暮らし方などを聞くなど雑談をして，気持ちを落ち着かせてもらうことも良いと思います。また，これからどのような検査をどれくらいの時間をかけて行うのか，などといった検査の説明を行うことも不安感の軽減に役立つと思います。

2．検査の最中に

1）感覚障害の有無を確認し，配慮する
　視覚・聴覚など，感覚機能の低下がないかをチェックする必要があります。視力の低下がある場合には，老眼鏡・拡大鏡の準備を行うなどの工夫が必要です。聴力の低下がある場合には，聞こえの程度に合わせて，声量を上げるなどの工夫が必要です。工夫をしても検査の実施に支障があるような場合には，検査を取り止める必要もあります。
　2）検査中の行動・反応をよく観察する
　どの程度熱心に検査に取り組んでいるか，課題に失敗したときにどのような反応をするか，考えるスピードはどのようか，等々，検査中の行動・反応をよく観察することもアセスメントとして非常に重要です。覚醒が悪い様子だったり，注意力が低下している様子だったりする場合には，本当に測りたいものを測れているのか否か疑わしい結果となってしまいますから，このようなときには無理に検査を実施するべきではありません。

3．検査の終了後に
　1）検査結果への不安に対して配慮をする
　検査が終わった後，「全くできなかった」「悪い結果になってしまった」と気にする声がよく聞かれます。そういった不安をていねいに聞き取り，必要なときには「誰にとってもややこしいテストですから」などと，不安を軽減するような声かけも行います。気分転換を図れるような会話を行う等の工夫も良いと思います。
　2）検査結果の解釈においては，背景にある要因にも留意する
　検査結果を解釈する際には，背景要因にも目を向けることが必要です。教育水準，職歴，病前性格などをできる範囲で把握し，解釈に役立てる必要があります。
　3）検査結果は，誰が読んでもわかるような記述を心がける
　高齢者ケアの現場では，多職種が協働することが多いものです。検査結果は，ケアに携わる全てのスタッフ（医師，看護師，介護スタッフ，リハビリスタッフ，心理職等）にとってわかるようにまとめることが必要です。得点だけを算出すれば良いのではなく，アセスメントから何が得られたのか，できる限りわかりやすく伝える工夫もまた必要です。

表3　AさんのMMSE成績

		満点	得点	誤答の回答内容
1.	時間見当識	5	2	〈月・日・曜日〉「新聞も見ずに来てしまったから,忘れちゃったわ」
2.	場所見当識	5	3	〈病院名・階〉「連れてきてもらっただけだから,病院の名前は忘れちゃいました」
3.	3単語の即時再生	3	3	
4.	計算	5	2	「93でしょ,86,何をひくんだったかしら? 9ひくの?　80からひくんだった?」
5.	3単語の遅延再生	3	0	「いつ言われた言葉?　先生が言ったの? 関係ないと思って,忘れたわ」
6.	物品呼称	2	2	
7.	文章復唱	1	1	
8.	聴覚的指示理解	3	3	
9.	視覚的指示理解	1	1	
10.	書字	1	1	
11.	図形模写	1	0	図1参照
	合計得点		18	

III　事　例

　もの忘れ外来にてアセスメントを実施された事例を2つ紹介します。認知症スクリーニング検査のMMSEと,抑うつ尺度のGDS15項目短縮版の結果を中心に見てみましょう(事例は,プライバシーに配慮し,改変を加えています)。

1．Aさん　82歳　女性

　Aさんは夫に先立たれ,一人で暮らす82歳の女性です。近所に暮らす息子のお嫁さんが,「最近もの忘れが多いみたい。同じ話を何度もする」と心配してもの忘れ外来に連れてみえました。本人に話を聞くと「どうして病院へ連れてこられたのかわからないんです。どこも悪いところはないんですよ。夫がいない生活にも慣れたし,一人で何でもやっていますよ」と,にこにこしながらていねいな言葉遣いでお話しされます。

　アセスメントの結果,MMSEは18点,GDS短縮版は3点でした。MMSE

の得点様相を表3に示します。取り組み時の様子として，たとえば「新聞を見てこなかったから，日付がわからない」「自分には関係ないから，忘れちゃったわ」などといった，あまり考えることなく言い訳をしているように聞こえる発言がたびたびありました。

検査が終わった後，ご本人のいないところでお嫁さんに話を聞いてみると，「買い物へ行くたびにトイレットペーパーを買ってくるので，家の中がトイレットペーパーばかり。ゴミを出す日も忘れてしまうようで，家の中にゴミがたまっている」と話し，一人暮らしが難しくなってきている様子がうかがわれました。

アセスメント結果からは，① MMSEでは認知症が疑われるスコア，② MMSEの得点様相からは，見当識，計算力，記銘力，図形構成力の低下が認められる，③取り組み時の様子からは，その場を取り繕うような反応が繰り返し見られる，④ GDS短縮版はカットオフポイントを下回るスコアであり抑うつは否定的，といったことが読み取れました。見当識，計算力，記銘力，図形構成力の低下は，アルツハイマー病の患者さんに多く見られる所見であり，また取り繕いと呼ばれる反応もアルツハイマー病患者さんによく見られるものです。

これらの検査結果と他の検査結果を総合して，Aさんはアルツハイマー病と診断されました。薬物療法が開始されるとともに，生活環境の整備が行われることになりました。

2．Bさん　76歳　男性

Bさんは，1つ年下の奥さんと暮らす76歳の男性です。ご自分が，「最近もの忘れが多い。日記を書くときに，漢字が出てこなくなった」と心配してもの忘れ外来に一人でみえました。暗い表情で，「もの忘ればかりするんです。こんなふうではなかったのに……」と話します。

アセスメントの結果，MMSEは23点，GDS短縮版は12点でした。MMSEの得点様相を表4に示します。取り組み時の様子として，取り組み早々に「忘れました」「できません」などと諦めてしまいがちである様子と，ゆっくりと時間をかけながら考え込む様子が観察されました。

検査が終わった後で，さらに詳しくお話を聞いてみると，「時々めまいがするんだけど，病院へ行っても原因不明と言われる」「夜なかなか眠れない」など，抑うつ症状を疑わせる発言が聞かれました。さらには，

表4 BさんのMMSE成績

		満点	得点	誤答の回答内容
1.	時間見当識	5	4	〈年〉「うーん……（30秒ほど考え込む）忘れました」
2.	場所見当識	5	5	
3.	3単語の即時再生	3	3	
4.	計算	5	1	「93……（1分ほど考え込む）ちょっとむずかしいですね。できません」
5.	3単語の遅延再生	3	1	「忘れました……（1分ほど考え込む）さくらと……ちょっと出てきません」
6.	物品呼称	2	2	
7.	文章復唱	1	1	
8.	聴覚的指示理解	3	3	
9.	視覚的指示理解	1	1	
10.	書字	1	1	
11.	図形模写	1	1	図1参照
	合計得点		23	

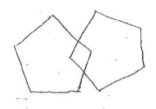

図1　Aさん（左）とBさん（右）による図形模写

「半年前に親友が亡くなった。さびしくて仕方ない」と涙ながらに話されるのでした。20分ほどお話をうかがうと，本人は「話してすっきりしました」とにっこり笑って帰りました。後日，奥さんにも話を聞いてみると，「もの忘れはあるかもしれないけれど，困るほどではありませんよ。マンションの会計の仕事はきちんとできています」とのことでした。

　アセスメント結果からは，①MMSEでは認知症が疑われる，②MMSEの

得点様相からは，時間見当識・計算力・記銘力の低下が認められる，③取り組み時の様子からは，諦めてしまいがちな姿勢と，思考に時間がかかる様子が見られる，④GDS短縮版はカットオフポイントを上回るスコアであり比較的強い抑うつ感がある，といったことが読み取れました。時間見当識・計算力・記銘力の低下は，アルツハイマー病の患者さんに多く見られる所見です。しかしながら，AさんとはなりBさんは，図形模写は正しく描くことができました。記銘力課題でもゆっくり考えると3単語中1単語は思い出すことができました。そして何より，GDS短縮版のスコアや本人の話した内容からは，気分障害の存在が強く疑われます。

　アセスメント結果と他の検査結果を総合して，主治医はまずうつ病の治療からスタートすることにしました。しかし，うつ病は認知症との関連が深いという研究知見があります。主治医は，うつ病の治療を行いながら注意深くBさんを見守ることとし，定期的に心理アセスメントを実施する計画を立てました。

おわりに

　私は，勤務先の大学病院もの忘れ検査外来で，年間およそ300名の高齢患者さんと出会い，心理アセスメントを行っています。おわりに，現場でアセスメントを行う上で私が最も大切にしていることを2点述べたいと思います。

　1つ目は，「アセスメント結果をその後のより適切なケアにつなげる」ということです。その方がどのような状態にあるのかをさまざまな側面からできるだけ正確にアセスメントし，どのようなケアが必要と考えられるのかという点にアプローチすることが，アセスメントの最も大切な意義であると私は思っています。アセスメントは，得点だけを算出すれば良いものでも，検査者の満足のために行うものでもないことは言うまでもありません。結果をいかに生かすか，という点が大切なのです。

　2つ目は，「アセスメントされる側の心理状態に十分に配慮をする」ということです。もの忘れ検査外来を受診される方は，背景にさまざまな思いを抱えています。自分が認知症なのではないかとの不安を抱えている方もありますし，一方で，自分では受診の必要はない，検査等受ける必要はないと思っているのに，周囲に勧められてしぶしぶ受診する方もあります。アセスメン

トは，どのような思いで受診をされているのかに真摯に目を向け，それを受け止めながら実施することが非常に重要です。その方の思いに寄り添いながら認知機能検査など行った後，「ふだん使わない頭を使って，楽しかったよ」「問題はできなかったけど，おしゃべりできて楽しかった」などと言ってもらえると，ほっとするひとときです。

　超高齢社会の時代を迎え，高齢者のアセスメントはますます大切な分野になってくると思います。正確なアセスメントの上に基づいてなされるケアこそが，目の前にいる高齢者の幸福につながるのかもしれないと私は考えています。

文　献

Cummings, J.L., Mega, M., Gray, K., et al. (1994) The neuropsychiatric inventory: Comprehensive assessment of psychopathology in dementia. Neurology, 44, 2308-2314.

Folstein, M.F., Folstein, S.E., & McHugh, P.R. (1975) Mini-Mental State: A practical method for grading the cognitive state of patients for the clinician. Journal of Psychiatric Research, 12; 189-198.

Fujiwara, Y., Suzuki, H., Yasunaga, M., et al.（2010）Brief screening tool for mild cognitive impairment in older Japanese: Validation of the Japanese version of the Montreal Cognitive Assessment. Geriatrics & Gerontology International, 10, 225-232.

博野信次・森悦郎・池尻義隆ほか（1997）日本語版 Neuropsychiatric Inventory　痴呆の精神症状評価法の有用性の検討．脳と神経，49, 266-271.

本間昭・福沢一吉・塚田良雄ほか（1992）Alzheimer's disease assessment scale（ADAS）日本版の作成．老年精神医学雑誌，3, 647-655.

Hughes, C.p., Berg, L., Danziger, W.L., et al. (1982) A new clinical scale for the staging of dementia. British Journal of Psychiatry, 140, 566-572.

加藤伸司・下垣光・小野寺敦ほか（1991）改訂長谷川式簡易知能評価スケール（HDS-R）の作成．老年精神医学雑誌，2, 1339-1347.

小海宏之（2019）神経心理学的アセスメント・ハンドブック［第2版］．金剛出版.

小海宏之・若松直樹編（2012）高齢者こころのケアの実践 上巻．創元社.

小海宏之・與曽井美穂（2014）神経心理学的検査報告書を作成するための神経心理学的検査に関する体系表作成の試み．花園大学心理カウンセリングセンター研究紀要，8, 27-39.

Lawton, M.P., & Brody, E.M. (1969) Assessment of older people: Self-maintaining and instrumental activities of daily living, Gerontologist, 9, 179-186.

Mahoney, F.I., & Barthel, D.W. (1965) Functional evaluation: The barthel index. Maryland State Medical Journal, 14, 61-65.

松田修・中谷三保子（2004）日本語版 COGNISTAT 検査マニュアル．ワールドプランニング．

目黒謙一（2004）痴呆の臨床― CDR 判定用ワークシート解説．医学書院．

Mohs, R.C., Rosen, W.G., & Davis, K.L. (1983) The Alzheimer's disease assessment scale: An instrument for assessing treatment efficacy. Psychopharmacology Bulletin, 19, 448-450.

森悦郎・三谷洋子・山鳥重（1985）神経疾患患者における日本語版 Mini-Mental State テストの有用性．神経心理学, 1, 82-90.

Nasreddine, Z. S., Phillips, N. A., Bedirian, V., et al.（2005）The Montreal Cognitive Assessment, MoCA: A brief screening tool for mild cognitive impairment. Journal of the American Geriatrics Society, 53, 695-699.

日本版 WAIS-IV 刊行委員会訳編（2018）日本版 WAIS- IV実施・採点マニュアル．日本文化科学社．

岡田和悟・小林祥泰・青木耕ほか（1998）やる気スコアを用いた脳卒中後の意欲低下の評価．脳卒中, 20, 318-323.

Reisberg, B., Ferris, S.H., Anand, R., et al. (1984) Functional staging of dementia of the Alzheimer type. Annals of the New York Academy of Sciences, 435, 481-483.

Starkstein, S.E., Mayberg, H.S., Preziosi, T.J., et al. (1992) Reliability, validity and clinical correlates of apathy in Parkinson's disease, The Journal of Neuropsychiatry and Clinical Neurosciences, 4, 134-139.

杉下守弘訳（2001）日本版ウェクスラー記憶検査法（WMS-R）．日本文化科学社．

綿森淑子・原寛美・宮森孝史ほか（2002）日本版リバーミード行動記憶検査．千葉テストセンター．

Wilson, B.A., Cockburn, J.M., Baddeley, A.D. (1986) Rivermead Behavioral Memory Test. Thames Valley Test.

矢冨直美（1994）日本老人における老人用うつスケール（GDS）短縮版の因子構造と項目特性の検討．老年社会科学, 16, 29-36.

Yesavage, J.A., Brink, T.L., & Rose, T.L., et al. (1983) Development and validation of a geriatric depression scale: A preliminary report. Journal of Psychiatric Research, 17, 37-49.

もの忘れ外来

牧野多恵子

「最近，なんだか忘れっぽい。認知症ではないだろうか……」という不安を高齢者や家族から聞いたときは，もの忘れ外来の受診を勧めましょう。もの忘れ外来は，もの忘れが年齢相応か病気かを診断し，病気の場合は治療を行うための外来です。日本では，1990年代に開設されて以降，各地で開設されています。もの忘れ外来は，老年科，精神科，神経内科などの診療科に設置されていますが，どの病院にもある専門外来ではありません。かかりつけの医療機関，最寄りの医療機関を受診して相談するか，地域包括支援センターに問い合わせると良いでしょう。

もの忘れ外来を受診すると，まず，ご本人とご家族に対する問診が行われます。そして必要に応じて，神経学的検査，生化学検査，脳画像検査（形態画像（MRI等）や機能画像（SPECT等）など），神経心理学的検査（認知機能検査）などが行われます。それらの結果を総合して診断がなされ，今後の治療方針が立てられます。

受診に際し，「認知症ではないか」と不安に思って家族が勧めても，本人が「もの忘れはたいしたことはない！ 私は病気ではない！」と受診を拒むことがあります。そのときは，本人の「もの忘れを否定したい気持ち」を十分に尊重しながら，「大切に思っているからこそ勧めている」ことや「病気によるもの忘れは早期発見が重要である」ことを伝え，本人に受診を納得してもらうように努めましょう。もの忘れを否定したい気持ちが非常に強い場合には，「健康維持の検診」と誘ったり，かかりつけ医にあらかじめ相談し，医師から「別の病院で検診

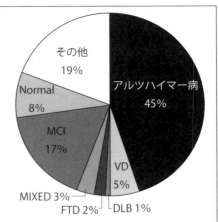

図1 名古屋大学医学部附属病院老年内科「もの忘れ検査外来」受診者の臨床診断の内訳（VD；血管性認知症，DLB；レビー小体型認知症，FTD；前頭側頭型認知症，MIXED；混合型認知症，MCI；Mild Cognitive Impairment，Normal；正常認知機能）

を受けてください」と勧めてもらうと受診につながる場合もあります。このような受診に至るまでの複雑な心理をスタッフは十分に汲み取りながら対応します。

筆者が勤める名古屋大学医学部附属病院老年内科では，2000年に「もの忘れ検査外来」が開設されました。もの忘れが年齢相応か病気かの鑑別を行うために開設されたため，比較的軽度〜中等度の認知機能低下を有する方が主な対象です。2000年から10年間に受診した方は975名でした。半数以上の方が認知症と診断され，治療が開始されています。一方，認知症の診断ではなく，軽度認知障害（第9章参照）と診断された方が17％，正常認知機能の場合も8％ありました（図1）。このような方々に対しては，認知症予防に向けての助言がなされています。

第8章
認知症をかかえる人と家族

鈴木亮子

はじめに

　臨床心理の分野から認知症の領域に携わる人は決して多くはありません。その理由はいくつかありますが，介護保険のシステムの中に，心理的なケアや支援というのが位置づけられていないということがあります。

　ここでは，認知症がどのような病気であり，本人はそれをどのように感じ，経験しているのか，またその家族が介護を通して何を感じ，どのように変化していくのかを述べていきます。その際，筆者が研究者として，また臨床心理士としてフィールドでの実践を通して得たことや感じたことも合わせて伝えられたらと思います。

I　世間の認知症の捉え方

1．認知症は身近な問題か？

　皆さんは認知症というものをどれくらい身近なものとして感じていますか？　認知症は今後，これまで以上に身近な問題となっていきます。そこには日本が世界一の超高齢社会であるという実態があります。

　令和6（2024）年版『高齢社会白書』によると，高齢者人口は3,623万人でした。また，65歳以上人口の割合である高齢化率は29.1％でした。高齢化率が21％を超えると，超高齢社会となりますが，日本は2007年に世界で最初に到達しています。同じく令和6年度の『高齢社会白書』では，日本の高齢化率は世界の高齢化率の中で最も高く，今後も高水準が続くことが見込まれています。また，平均寿命については，2070年には男性85.89年，女性91.94年となるという推計も示されています。

　65歳以上の高齢者に占める認知症の人の割合は，100人に6，7人の割合ですが，それが80歳以上では4〜5人に1人が認知症の人という割合になります。これらのことを考え合わせると，認知症は身近な問題であり続けることになります。

2．認知症の持つイメージ

　ますます身近な問題となっていく認知症ですが，「認知症だけにはなりたくない」と言われることもある病気です。なぜでしょうか？　治らない病気だからでしょうか？　理由はそれだけでしょうか？

　認知症は認知機能に障害が生じるため，健常な人と同じようにコミュニケーションをとることが難しくなります。本人はさまざまなことを感じていても，それをうまく伝えることができなくなっていきます。そのため，認知症の本人とコミュニケーションをとる側に工夫が必要になります。「認知症にはなりたくない」と言われるのは，自分が自分であるという状態でいられるのかどうかがわからない，いられたとしても，自分の考えや思いを伝えることができないのではないか，受け取ってもらえないのではないか……「自分が自分として生きることがままならない病気」というイメージがあるからではないでしょうか。

　イメージは人の心に大きな影響を与えます。認知症は今は根本的な治療法はみつかっていません。人々が抱いている認知症へのイメージは，治らないことへの恐怖だけでなく，自分が自分として生きることがままならないのではないかという恐怖もあります。認知症になっても「自分が自分として生きることができる」ための十分なケアが行き届くことが当たり前になれば，人々が認知症に持つイメージは変わっていくのではないかと思います。

II　認知症とはどんな病気か

1．認知症の診断基準

　認知症のことを，歳相応の物忘れがひどくなったものと理解している人もいますが，認知症は脳の器質的な障害が原因の病気です。認知症と診断されるには，以下の4つの基準に当てはまる必要があります。

　　①原因は病気による脳の変化である（脳の委縮や脳卒中・脳血管の障害など）。
　　②記憶などの知的な働き（認知機能）が低下していく。
　　③日常生活や，仕事などの社会生活がうまく送れない。
　　④意識障害がない（意識ははっきりしている）。

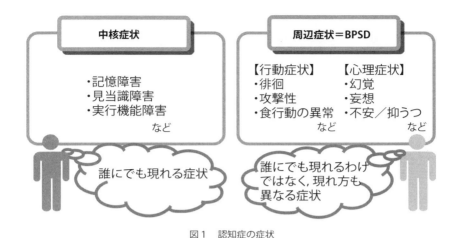

図1　認知症の症状

　認知症は実は疾患名ではありません。認知症の原因となる疾患は，アルツハイマー病を代表とする神経変性疾患，脳梗塞や脳出血などの脳血管障害，脳腫瘍などがあります。認知症はこれらの疾患を背景に起こってくる症状を示している言葉です。「認知症とアルツハイマー病は同じですか？」と聞かれることがありますが，アルツハイマー病は認知症という状態を引き起こす原因疾患ということになります。

2．認知症の症状

　認知症の症状の一般的な考え方を図1に示します。
　中核症状は脳の障害が原因で現れ，主たる症状は認知機能の障害です。個人差はあっても，すべての認知症の人に現れます。中核症状に不安感やストレス，身体不調などのさまざまな要因が加わって二次的に生じるのが周辺症状です。認知症であれば誰にでも現れるというわけではなく，現れ方も人によって異なります。国際的には認知症の行動・心理症状；Behavioral and Psychological Symptoms of Dementia（BPSD）という名称が提唱されています。

　1）中核症状
　①記憶障害
　中核症状の中でも記憶障害はその中心となる症状です。一口に記憶といっても，「記銘（知識などを脳に取り込む）」「保持（脳の中に留めておく）」「再

生（情報を再び取り出す）」というようにいくつかの段階があります。認知症になると，その段階のどこかがうまくいかなくなり，記憶に関するトラブルが生じるわけです。とりわけ「記銘」することが難しくなるので，新しいことを覚えるのが困難です。

その一方で昔の記憶などは，保持までできていても再生でつまずいている場合もあります。覚えていないように見えても，話しかけることで思い出すことができたり，心の中でしみじみと感じている場合もあるのです。

②見当識障害

「いつ」「どこ」「誰」という「見当識」がきちんとわからなくなる「見当識障害」がおこります。認知症の人は，「見当識」について何度も聞いてくるときがありますが，単に覚えられないというだけでなく，そこには今がいつで，自分はどこにいるのかという不安な気持ちがあるのです。また，このように「見当識」が曖昧になりますから，80歳の認知症の人が，自分は会社員として働いていると話したり，過去と現在が混在したりします。

③実行機能障害

実行機能とは，ものごとを論理的に順序立てて考え，状況を把握して行動に移す判断力，理解力，思考力のことを言いますが，この実行機能が低下していきます。例えばそれまで普通にできていた料理がうまく作れなくなったりします。一つの料理を作るのにいろんな作業を頭の中で組み立てながら作業を進める必要があります。そういう同時にいくつかのことを行うことが難しくなるのです。だからといって何もできないわけではありません。一人では何もできないだろうと，何でもやってしまうと，認知症の人の自尊心は傷つきます。総合的に考えることが難しくなるわけですから，できるところはしてもらえばいいわけです。

2）周辺症状＝BPSD──行動症状

①徘徊

目的もなくあちこちを歩きまわることを徘徊といいます。しかし，認知症の人は「何か目的があって家を出たのだけれど，慣れた道を歩いているうちに，気がつくと知らない道を歩いていた。でも，人に尋ねることさえ忘れて，不安になって歩き回っていた」と思っているかもしれません。中には徒歩だけでなく，車や電車を使う人もあります。行方不明になる，事故に巻き込まれるなどの可能性があるため注意が必要な症状です。最近は，GPS機能付きの携帯電話で居場所をある程度確認することもできます。

②攻撃性

怒りっぽくなったり，ときには暴言や暴力となって現れることがあります。多くの場合はきっかけがあります。中核症状により，ストレスを抱えているところに，周囲の対応が適切でないと，それに反応する形で攻撃性が表出されます。自分の思いをうまく言葉で伝えられない，そういったもどかしさから行動にでてしまうことがあります。

③食行動の異常

1日に何度も食べたり，食べ物でないもの（例えば芳香剤など）を食べたり，食事をとらないといったことが起きたりします。何度も食べたり，たくさん食べるケースが多いですが，家族としては胃腸が悪くなるのではないかと心配になります。しかし，不思議と胃腸を壊すケースはそれほど多くありません。

3）周辺症状＝BPSD──心理症状

①妄想

現実には起きていないことを信じて疑わないのが妄想です。最も多い妄想が，自分の持ち物を盗られたという"物盗られ妄想"です。自分がどこに置いたかを忘れてしまい"盗られた"となるわけです。認知症の人は，自分の変化をどこかで感じています。何とかこれまでの自分を取り繕わなければと無理をします。しかし，今までと同じようには無理なのです。そのため，忘れてしまったことと現実とをつなぎ合わせ，自分の中でつじつまを合わせる必要があります。それで，どこかに置き忘れた財布を「盗られた」と思うようになり，妄想になっていきます。

②幻覚

現実にはないものが見える（幻覚），聞こえる（幻聴）ことを幻覚と言います。他人には見えたり聞こえたりしていませんが，本人はそう感じています。決して嘘を言っているわけではありません。周囲の人は戸惑うかもしれませんが，はなから否定しないで「この人にとってはそうなんだな」と受け止めてあげることが必要です。

③不安・抑うつ

強い不安を感じたり，元気がなくなったりします。記憶障害による不快な気持ち，見当識が曖昧になる不安，日常生活がうまくいかない焦りなど，認知症の人はかなりストレスがたまった状態で生活しています。また，これから自分がどうなっていくのだろうか，という不安な気持ちもあります。その

4）これまでの自分と認知症となった自分の間での齟齬がBPSDにつながっていく

　中核症状により，自分がいろんなことができなくなっていることを認知症の本人は感じています。できなくなっている自分とできていた自分を保とうとする間での齟齬や，その齟齬を周囲の人が察してあげられないことがBPSDにつながっていきます。

　本人が穏やかでいられるためには，今まで通りできなくても大丈夫なんだという環境を提供してあげることです。しかしそれは家族にとってみたら，簡単ではありません。認知症の症状やどうしてそれが生じるのかということを知識として得たとしても，感情として「どうして」「なぜ」という思いを簡単に処理することはできないからです。そこには時間と家族に対するサポートも必要となります。

III　認知症の人の主観的体験

　認知症の人がどのような体験をし，どのような思いを抱えているのかを，以前は想像するしかありませんでした。認知症の人の体験や思いを知ることになる一つの転機は，若年性認知症の本人が自分の体験を語り始めたことです。2003年に来日したクリスティーン・ブライデンさんは，岡山・松江で講演をし，そのことがメディアで取り上げられ話題となりました。翌年の2004年にも来日し，京都での国際アルツハイマー病協会国際会議でも講演しました。多くの人の前で，本人が何を感じ，何を思っているのかを，本人の言葉で語られるのを聞くのは初めてと言っていいと思います。彼女が自分の体験をまとめた2冊の本（Boden, 2003; Bryden, 2004）を読まれた方も多いと思います。そこには自分自身という存在が頼りなくなっていくことへの戸惑いや不安，できたことができなくなることへの焦りや喪失感などが記されています。これらの本に記された彼女が経験している主観的世界の代表的な部分を表1にまとめました。認知症の症状として，医学的に記述されることとは異なる視点から，認知症の人の体験として述べられています。

　その後，日本でも本人が自分の経験や思いを語るということが増えてきて，本人の思いやありのままの姿がまとめられた本も出版されるようになりました（呆け老人をかかえる家族の会ほか，2005；太田ほか，2007）。本人の

認知症をかかえる人と家族　第8章　121

表1　認知症の人の主観的体験（Boden, C., 2003; Bryden, C., 2004 より抜粋）

自分自身であり続けることへの危機感⇒恐怖
・友達や家族もわからなくなるのか
・友達や家族は，病気の前の私がどのような人間だったかを忘れてしまうのか
・毎日，どの機能がだめになるかと不安になる
・いつどのように機能が低下していくかは誰にもわからない
・最後にはどんな人間になって死を迎えるのか

日常生活で感じる困難さ⇒不安
・頭に霧がかかっていて，すぐに混乱し，疲れ果てる
・話す際に，頭の中で言葉をみつけだすことが難しい
・記憶の不確かさは日々や時間によって異なり，日常が断片化する
・物につけられた名前がわからなくなる
・何かしなければならないことがあるのに，それが何なのか思い出せない

感覚の変化⇒ストレス
・音の多い場所では，選択的に音が聞き分けられない
・何の音なのか，どこから聞こえてくるのか判断できない
・にぎやかな場所では周辺視野が狭くなる
・平衡感覚が乱れ，世界がグラグラした場所に感じるときがある
・頭のスイッチが切れず，24時間の感覚が乱れる

　語りは「認知症の人は何もわからない」という誤解を払拭していくことにつながっていくはずです。そして，認知症に関わる全ての人に，認知症への理解を促し，関わり方のヒントを与えてくれると思います。ただ，認知症の進行により，徐々に言葉による表現は難しくなります。そういう状態の認知症の本人の経験や思いは，やはり関わる側の想像力や共感性をフルに働かせるしかありません。

Ⅳ　認知症の人と家族にとっての困難さ

1．本人と家族にとっての告知の意味

　最近では認知症の告知も行われるようになってきています。時間もある程度とり，かなり慎重に言葉を選んで行なう医師からの告知でも，本人や家族のうける衝撃はとても大きいものです。そのような医師からの告知でも，夫が認知症であると告知された奥さんはその時の心境を「死の宣告と同じ」と表現しました。「先生はそのときに病気の説明や，今後どうしていくかを説明してくれていたと思います。でも，頭が真っ白になって，何を言われたか

あまり覚えていないんです」とも言いました。告知された直後のショックの大きさや，今後のことを受け止める余裕などがないことがうかがえます。告知の後，本人は雨戸を閉め切り部屋に閉じこもってしまいました。その後のフォローは診察でも行いましたが，診察の際は時間が限られています。この病院は，スタッフも充実しており，診察以外にも，ソーシャルワーカーが制度の相談も含めて家族と本人の相談にあたることができました。そのことで家族も本人も落ち着きを取り戻していったのです。

　早期発見・早期治療が言われる中で，告知をすることは患者本人も納得して治療を受ける，治療に参加するという点で重要です。まだ自分で考え判断できる時期であれば，認知症を抱えた自分がどのように生きていくかを考えることができます。そのためには，本人と家族の意思の確認や，告知した場合に，その後のフォロー体制が必要不可欠と思います。

2．本人にも家族にも生じる対象喪失

　対象喪失とは精神分析の概念で，愛情や依存の「対象」が失われていく体験を言います。「対象」は自分にとって大切なもの全てですから，日常生活の中で誰にでも生じます。この対象喪失は認知症の本人にも家族にも生じます。認知症の本人にとっては，病気になったのですから健康を失ったわけです。その中でも最も大きな喪失は，これまでさまざまなことができていた自分を失っていくことです。この対象喪失に伴う思いを，周りにわかってもらえない場合もあり，そのような状況の中で，これまでの自分を保とうと無理を重ねることになります。本人がこの対象喪失を受け入れるのは，周りが「できなくなったその人」を受け入れてあげることが必要です。

　しかし，家族にとってそれは大変苦しいことです。認知症になる前のその人がしっかりしていた人だったり，その人へのイメージがよければなおのこと，「どうして……」という思いから抜けることは家族にとっても大変です。ある女性の夫は認知症になる前は，役所の仕事で，何億の予算を動かしている人でした。その夫がスーパーの買い物で，お金がうまく支払えないようになりました。その姿をみたときのことを，「あんなに大きなお金を動かしていた人が……と，本当に悲しくなりました」と話していました。この女性は，目の前に夫はいるものの，これまでの夫を失う感覚を悲しみとともに経験していました。このような対象喪失を，Pauline Boss 博士は「はっきりしないまま残り，解決することも，決着を見ることも不可能な喪失体験」として「あ

いまいな喪失」を提唱しました（Boss, P., 2011）。「あいまいな喪失」は2つのタイプがあり，タイプ1は心理的には存在しているが身体的には存在しない状況（「さよなら」のない別れ）であり，東日本大震災の際にも着目されました。タイプ2は，身体的には存在しているが心理的には存在しない状況（別れのない「さよなら」）であり，認知症の介護家族の体験はこれにあたります。

　認知症になった人との関係がよくなくても対象喪失は起こります。例えば，ずっと自分と関係の悪かった配偶者の介護をすることになった場合，介護することによって，それまでの自分の生活スタイルを失うことになるわけです。認知症になってかわっていく配偶者には対象喪失は感じなくても，なぜ自分が介護者になって，自分の生活を変えなくてはならないのかという思いに苦しむことになります。

　認知症の介護に伴い，単に介護が大変だというだけでなく，介護する家族は対象喪失に伴う苦しみや悲しみも乗り越えなくてはなりません。

V　認知症の人を介護する家族を理解するためには

1．介護にはそれまでの家族の歴史が反映される

　家族が認知症になったとき，待ってましたとばかりに介護に取り組む人はいないと思います。できることなら携わることなく過ぎていければ……と思うのが普通です。それでも家族の中に介護が必要な人がでてきたとき，誰かが介護を引き受けているわけです。介護者となった妻は「子ども達の生活を邪魔してはいけないから」と，介護者となった夫は「会社人間で，家のことは妻に任せきりで苦労をかけてきた罪滅ぼしだから」と，介護者となった嫁は「長男の嫁だから，当然のように任されたから」と，それぞれの理由で介護を引き受けています。そこには，それまでのその家族の歴史，その家族の風土や規範が反映されています。それに加え，家族それぞれのパーソナリティも関係してきます。なかでも，認知症の人と介護者のそれまでの関係性は大きく影響を及ぼします。このような家族を取り巻くさまざまな要因を踏まえたうえで，介護の状況をとらえる必要があります。

2．介護者の心理的プロセス

　筆者は家族介護者の女性8名（平均57.38歳）にインタビュー調査をし

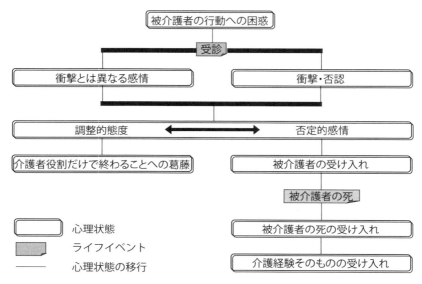

図2　家族介護者の心理状態の移行

て，介護者の心理状態の移行とそれに関係する要因の研究を行いました（鈴木，2006）。図2はそこで明らかになった介護者の心理状態の移行の部分を模式化したものです。

　図1に従って，介護者の心理状態の移行を説明していきますが，その際，図1で表された心理状態は『　』で示していきます。

　家族は，本人への行動の変化に「これまでと何か違う……おかしいな……」と『被介護者の行動への困惑』を感じながら過ごし，この時期を経て受診に至ります。受診後の心理は2つに分かれました。まず一方は，ショックを受けたり，認めたくないという『衝撃・否認』を感じる介護者です。もう一方は，認知症と診断されたことでほっとしたり，義務や責任を感じ『衝撃とは異なる感情』を抱いていました。後者のように感じた人達は，本人の様子がおかしいときに，「対応が悪いからじゃないか」と周囲に責められており，認知症と診断されたことで，ようやく現状を理解してもらっていました。前者の人達には，混乱した気持ちを支え，後者の人には介護サービスを紹介するなど，支援の関わり方も異なります。

　このように異なる反応はあったにしても，介護生活という目の前の現実はどの介護者にとっても同様です。介護生活が進むに連れて，気分が沈んだ

り，「なぜ自分の家族が……」「なぜ自分が介護を……」と怒りがわいたり，介護が忙しくて周囲と疎遠になって孤立感を感じたりと，介護に対する『否定的感情』が介護者の中に沸きあがってきます。しかし，そのような感情を持ちながらも，徐々に介護に慣れて，認知症の人にうまく対応できるような『調整的態度』も身についていきます。『調整的態度』を身につけるためには，認知症という病気に対する知識や，介護のノウハウ，気分転換の方法の獲得などが必要です。家族会への参加を勧めることは有効です。同じ立場である介護者同士で話をすることで，介護のヒントを得たり，苦しい気持ちを共有できるという安心感を得ることができます。

　『調整的態度』を身につけても，症状の進行などで再び『否定的感情』が高まることもあります。このような状況を繰り返す中で，介護者は介護者役割を受け入れる努力を重ねていきます。また，介護者の役割を受け入れるだけでなく，認知症となった本人を受け入れることもできるようになります。最初のうち，介護者は認知症の症状に目を奪われてしまいます。しかし，認知症の症状に覆われたその人も"何十年と生きてきた人生があったその人自身なのだ"と気づくような体験（例えば，認知症の人と一緒に，若い頃に保母として働いていたお寺に行った際，一言一句間違えず，活き活きと園歌を歌う姿を見てはっとするような体験）を経て，『被介護者の受け入れ』もできるようになっていきます。

　その一方で役割は受け入れられても『被介護者の受け入れ』はできず，『介護者役割だけで終わることへの葛藤』を感じて，停滞感を抱いたままの介護者もいます。それまでの認知症の人との関係があり，その人自身を受け入れることが難しいことは当然あります。しかし，「これだけの苦労をしているのだから，介護を通して何か得るものが欲しい」という思いがあり，葛藤がうまれるのだと思います。

　本人が亡くなった際，介護者はそれまでやってきたことを納得し，『被介護者の死の受け入れ』を徐々にしていきます。そして介護という経験を通して，強くなったり，優しくなったり，仲間ができたりなど，以前とは変化した自分を振り返り，『介護経験そのものの受け入れ』をして，大変だったが無駄ではなかったと考えるのです。

　以上の介護者の心理状態の移行は，家族会の会員からの聞きとりをベースにしています。そのため，基本的には介護に対して前向きな気持ちのある人で，必ずしも介護者を代表しているとは限りません。しかし，このようなプ

ロセスを知ることは，介護者自身が今の自分を客観視したり，介護に伴う否定的な感情は誰でも抱くということを知るという点では意味があります。

介護者に接する人は，介護者の一般的な心理状態の移行と，介護者をとりまく背景はそれぞれ異なるという個別性の両方をふまえることが必要です。

また，『否定的感情』が高まるときは，介護者自身のバーンアウトにつながったり，虐待につながる可能性もあります。その状態に適切な支援の手が届かないと，さらに追い詰められた気持ちになり，無理心中といった事態に陥る場合もあります。このような介護者の気持ちは表面にでてこないことも多いため，より一層の留意が必要です。

3．介護者にも介護者自身の人生がある

介護者には，介護者である部分と，その人自身の部分と両方があります。介護者である部分を支えるには，認知症に対する知識や情報を提供する教育的援助と，介護者同士が気持ちの共有を図るといった情緒的援助の両側面を持つ心理教育や，介護者の休息のためのレスパイトが必要になります。

介護者へのカウンセリングはあまり実施されていないのが現状ですが，介護者としての困難さを支える部分と，介護を担うことで影響を受けたその人自身の人生を支える部分の両面が必要です。

中には介護を担うために仕事をやめ，そのために経済的に苦しくなるケースもあります。現在の社会状況では，一旦仕事をやめれば復帰するのは容易ではありません。経済的には余裕があっても，社会的役割を奪われることには変わりがありません。介護によって影響をうけた介護者の生活を支える制度は現在はなく，法的整備の必要性が指摘されています。

私達は，つい介護している人の介護者役割の部分だけをみてしまいますが，その人自身の人生も生きていることを忘れてはいけないと思います。

おわりに

以前，中学校や高校で認知症の授業をしていました。授業前後でアンケートを実施していましたが，授業後では「認知症のことを誤って理解していた」という反応が多いです。「知ってもらう」ということはとても大切ことだなと感じます。ここでは，皆さんに認知症の人は何もわからないのではなく，不安な思いなどさまざまなことを感じていること，家族も介護を通し

て，失うものと得るものがあり，さまざまな思いを抱いていること，そして介護者となってもその人自身の人生はあるのだということを伝えてきました．さらに認知症の人や家族のことについて知りたい方は，ニコルソン・佐藤（2020），小澤・黒川（2006），松本（2006），渡辺（2005），小澤・土本（2004）をお勧めします．

文　　献

Boden, C. (2004) Who Will I Be When I Die? Sydney; Harper Collins Publishers Australia.（檜垣陽子訳（2003）私は誰になっていくの？―アルツハイマー病者からみた世界．クリエイツかもがわ．）

呆け老人をかかえる家族の会・日本アルツハイマー病協会編（2005）若年期認知症：本人の思いとは何か―松本照道・恭子夫妻の場合．クリエイツかもがわ．

Boss, P.（2011）Loving Someone Who Has Dementia: How to Find Hope while Coping with Stress and Grief. Jossey-Bass.（和田秀樹・森村里美訳（2014）認知症の人を愛すること：曖昧な喪失と悲しみに立ち向かうために．誠信書房．）

Bryden, C. (2005) Dancing with Dementia: My Story of Living Positively with Dementia. London; Jessica Kingsley Pub.（馬篭久美子・檜垣陽子訳（2004）私は私になっていく―痴呆とダンスを．クリエイツかもがわ．）

松本一生（2006）家族と学ぶ認知症．金剛出版．

ニコ・ニコルソン・佐藤眞一（2020）マンガ 認知症．筑摩書房．

太田正博・太田さんサポーターズ（2007）マイウエイ：認知症と明るく生きる「私の方法」．小学館．

小澤勲・黒川由紀子（2006）認知症と診断されたあなたへ．医学書院．

小澤勲・土本亜理子（2004）物語としての痴呆ケア．三輪書店．

鈴木亮子（2006）認知症患者の介護者の心理状態の移行と関係する要因について―心理的援助の視点からみた介護経験．老年老年社会科学，27-4; 391-406.

渡辺俊之（2005）介護者と家族の心のケア．金剛出版．

中学生・高校生の認知症のイメージと啓発活動

鈴木亮子

この1,2年ほど,中学生・高校生への認知症の啓発活動として,総合学習の授業などで認知症の授業をしています。授業前後でアンケートも行い,認知症へのイメージや,理解の変化も検討しています。

授業では,認知症の基本的な知識とともに,認知症になると「何もできなくなる」「何もわからなくなる」というのは誤解であり,認知症の人が何を感じているのかということに重点をおいて話をします。

実施しているのは都市部のため,三世帯同居が少ないこともあり,身近に認知症の人がいる,あるいはいたという生徒は数％程度です。ほとんどの生徒の認知症の知識やイメージはマスメディアなどから得たものです。

認知症という言葉については,授業前でも中・高校生ともにほとんどの生徒は何らかの形で知っています。また,認知症へのイメージは,やはり物忘れというものが多いですが,それとともに,「頭がおかしくなる」「怖くて恐ろしいもの」などの誤ったイメージや否定的なイメージも散見されます。

授業後のアンケートでは,ありがたいことに,多くの生徒が授業はためになったと答えてくれていました。その理由として「認知症という言葉は結構聞くけど,どういうのかはわからなくて,今日の授業で認知症がどういうものかがわかったから」「認知症の人は大変な思いをしているんだとわかった」「介護する人も大変だと知った」「自分の家族が認知症になったら,今日聞いたことが役にたちそうだから」など,認知症への理解が進んだことや,認知症に対する見方が変わったことなどをあげています。

また,もっと知りたいこととして「認知症の治療の仕方」「認知症はどうやったら防げるのか」「接し方についてもっと詳しく知りたい」などをあげています。

授業をすることで,認知症の否定的なイメージが払拭されるわけではありません。しかし,授業前の否定的イメージは,よく知らないからこそ「おかしくなる」「恐ろしい」というものにつながっている気がします。授業後では,それが「認知症の人にだってちゃんと感情があって,苦しい思いをしている」と,具体化しています。具体化するからこそ,もっと知りたいと思ったり,問題意識が芽生えたりするのではないでしょうか。

今後さらに認知症の人は増加し,今の若い世代がその対応を担うことになります。"老い"の現実に触れることが少ない彼らに,認知症のことを正しく知ってもらうこと,またそれを通して"生老病死"について考えてもらうことは,とても大切なことだと感じています。

第9章
高齢者に対する心理的援助：
認知症をかかえる高齢者と家族の援助を中心として

山口智子

はじめに

　高齢者の心理的問題ではうつ病を含む気分の障害と脳の器質的変化による認知症が代表的なものです。そこで，まず，高齢者に対する心理的援助を説明し，次に，認知機能の障害がある高齢者とその家族に対する心理的援助，軽度認知障害と予防的介入を説明し，最後に，高齢者に対する心理的援助における配慮をまとめます。

I　高齢者に対する心理的援助（認知機能の障害が少ない場合）

1．心理的問題のテーマ：「喪失」「未解決の葛藤」「自身の死」

　高齢者の心理的問題では「喪失」「未解決の葛藤」「自身の死」とどう向き合うのかが課題になります。その対処の過程や結果として，不安や抑うつなど心理的問題が生じることがあります。「喪失」は，体力の低下や健康上の問題，肉親や配偶者や友人の死，子どもや孫の独立，社会での役割の減少，経済的収入の減少などです。どれか一つでも大きなストレスですが，配偶者の死によって，子どもと同居することになり，住みなれた土地を離れ，友人との交流が少なくなるなど，喪失がいくつも重なることがあります。
　「未解決の葛藤」や「自身の死」について，Erikson, E. H.（1963）は，高齢者の発達的な危機は「自我の統合 対 絶望」であると指摘しました。高齢者は人生を振り返り，自分の人生をかけがえのないものとして，ありのまま受け入れることできる統合の感覚と，つまらない人生だがやり直す時間は残されていないというのが絶望の感覚，この相反する感覚のなかで，人生を問い直します。調査面接で出会ったAさん（70代の女性）は膝の痛みを「空襲で逃げるとき，道に倒れている人を助けもせず，またいで逃げたからバチがあたった」と申し訳なさそうに話しました。Aさんのように，就労や子育てなど多くの現実的な課題があるときは，忘れていた，考えないようにして

いたことが，心身の不調，「自身の死」の接近を意識するなかで「未解決の葛藤」として浮かびあがることもあります。

2．高齢者に対する心理療法の可能性

　高齢者に対する心理療法は他の年代に比べ，実践も報告も少ないのが現状です。山中（1985）は癌を告知されていない男性が「カナダで雁が異常発生しアフリカに飛ぶ」という語りが癌の転移という客観的な身体状況と重なっていたことを報告し，その男性が下半身麻痺で動きがとれなかったため，より内界への関心が高まり，一見豊かな内界を現出したこと，反面，その奥底では死との格闘は続いていた可能性を指摘し，高齢者の内面の奥深さ，重層性を示唆しています。山上（2000）は，3名の高齢女性について，閉塞状態に陥っている人生の物語が過去の意味づけが変化することで新たな物語として新生する過程を報告し，高齢者でも人格が変容する可能性を指摘しています。高齢者の心理療法は効果が少ないと考えられていたこともありますが，これらの報告からは，高齢者の心理療法は人生の終焉であるからこその深まりと展開の可能性をあると考えられます。

3．回想法とライフレビュー

　近年，高齢者に対する心理療法として注目されているのは，回想法とライフレビューです。アメリカの精神科医である Butler, R. N.（1963）は，高齢者が死を意識することによって，人生を回顧すること（ライフレビュー）は自然なプロセスであり，未解決の葛藤を解決し，人生に新たな意味を見出すことができると指摘しました。従来，高齢者が過去を思い出すことは老化の現れとして否定的にとらえられていましたが，Butler の指摘は高齢者の研究や臨床実践への関心を高める契機となりました。

　わが国でも，1990年代からライフレビューや回想が注目され，黒川（1994）や野村（2023）をはじめとして，多くの実践が行われています。回想とライフレビューの定義について統一の見解には至っていませんが，技法の区別としては，回想法は「子どもの頃の遊び」「祭り」「小学校の思い出」「お手伝い」などテーマを決めて，過去の思い出を語ります。ライフレビュー法は人生を振り返り，人生の再評価を行い，過去の葛藤を解決することを試みます（表1）。回想法もライフレビュー法も個人またはグループで行います。野村（1998）は，個人回想法の効果として，対人交流の楽しみ，快適な気分，

表1　構成的ライフレビューの質問例（Haight(1986)・野村訳(1996)）

発達段階	質問例
児童期	・ご両親はどんな方ですか？ ・ご自分の家の雰囲気はどうでしたか？ ・いつも大事にされていたと思われますか？ ・家族の中でどなたがあなたとよく似ていましたか？　どんな所が似ていらっしゃいましたか？
青年期	・10代の頃のことを思い出していただきたいのですが，その頃のことでまっ先に思い出されることは何ですか？ ・学校にはいらっしゃいましたか？　ご自分にとって学校に通うのはどのような目的や意味がありましたか？ ・全部合わせ考えてみて，10代の頃はお幸せでしたか？
成人期	・人生の中で願っていたことをなさったと思われますか？ ・20代のときから現代まで考えていただいて，最も重要な出来事は何でしたか？ ・あなたはどんなタイプの方ですか，喜びは何でしょうか？　ご自分は責任感が強いと思われますか？ ・次の世代の助けをされたと思われますか？
まとめ	・総じてどんな人生を送っていらっしゃったと思いますか？ ・もしすべてが同じだとしたら，もう一度今までの人生をお過ごしになりたいですか？ ・今の暮らしでもっとも大事にされているのは何でしょうか？ ・お齢を召すことで何かご心配がありますか？

有用感の自覚，スタッフとの信頼関係を指摘し，個人ライフレビュー法の効果として，自我の統合，心の平安，人生満足度の増幅を指摘しています。回想法でもライフレビュー法でも，過去のつらい体験が語られるときがあります。話をすりかえたりせずに，その思いに耳を傾けること，それをのりこえたり，抱えながら生きてきた人生をねぎらい，受けとめることが大切です。

II　認知症をかかえる高齢者に対する心理的援助

1．認知症をかかえる人の援助

　2024年に施行された「共生社会の実現を推進するための認知症基本法（認知症基本法）」は，認知症の人の尊厳を守り，認知症の人を含めた国民一人ひとりが個人を尊重し支え合えるような共生社会を目的としています。そのような動向のなかで，心理的援助では，認知機能の維持や改善，妄想や易

怒性などの行動・心理症状（BPSD）の軽減だけでなく，認知症をかかえる高齢者や家族の生活の質（QOL）を高める支援が期待されています。以下に，認知症ケアの基本と代表的な心理的援助の方法を説明します（日本神経学会ほか，2017）。

2．パーソン・センタード・ケア

　パーソン・センタード・ケア（Person-Centered Care：その人を中心としたケア）は，イギリスの臨床心理学者である Kitwood, T.（1997）が 1980 年代後半に提唱したもので，認知症ケアの基本となるものです。1980 年代は，欧米でも業務が中心でスケジュール重視の介護が行われていましたが，Kitwood はコミュニケーションや人間関係を重視し，その理念の根幹としてパーソンフッド（personhood：その人らしさ）を提唱しました。「その人らしさ」は認知症になってもその人の個性は変わらない，その人の大事にしているもの，したいことが自由にできるようなケアを重視します。また，パーソンフッドの本来の意味は，ケアする側がケアを提供するだけでなく，認知症の人との相互交流です。互いに分かり合い，尊重しあうことを認知症の人たちが意識できることも含んでいます（水野，2008）。支援として，「認知症」にとらわれすぎず，認知症をかかえる「人」として，できないことを援助し，その人らしさを尊重し，相互交流を大切にします。Kitwood は認知症の人の心理的ニーズとして，愛を中心に，くつろぎ，アイデンティティ・自分らしさ，結びつき（愛着・こだわり），自らたずさわること，社会との関わり（つながり）をあげています。また，「悪性の社会心理」「前向きな働きかけ」をまとめています（表2）。悪性の社会心理は人格や身体を損なうケアの兆候をまとめたものです。だます，できることをさせない，レッテルを貼る，無視する，からかう，など人間の尊厳をおびやかす関わりです。前向きな働きかけは一人の人として認め，その人の好みやニーズを尊重する働きかけや，一緒に仕事をしたり，遊ぶこと，リラクセーションなどです。心理的ニーズも「前向きな働きかけ」も私たちが望むものと共通しています。

3．バリデーション療法

　バリデーション療法は，ソーシャルワーカーの Feil, N. によって，1980 年代に提唱された認知症をかかえる人に対するコミュニケーション法であり（Feil, 1993），これも認知症ケアの基本となるものです。Feil は現実見当識

表2　悪性の社会心理と前向きな働きかけ（Kitwood, 1997（高橋訳, 2005）から作表）

〈悪性の社会心理：人格や身体を損なうケア環境の兆候〉

だます，できることをさせない，子ども扱い，おびやかす，レッテルを張る，汚名をきせる，急がせる，主観的現実を認めない，仲間はずれ，もの扱い，無視する，放っておく，非難する，中断する，からかう，軽蔑する

〈前向きな働きかけ（ポジティブ・パーソン・ワーク）：前向きな相互行為〉

①認知症の人が主に受け手になるもの（ケアの形態）
　認めること（人として認める），交渉（好みやニーズを聞く），共同（一緒に仕事をする），遊び，ティマレーション（感覚的相互行為，たとえば，アロマセラピーやマッサージなど），お祝い，リラクセーション，バリデーション，抱えること（安全な心理的空間），ファシリテーション（失われた部分だけを援助する）

②認知症の人から始められ，介護者が共感的にこたえるもの
　創造的行為（歌や踊りなど社交的な場面で，認知症の人が培ってきた能力や社交術を使う），贈与（認知症の人が手助けを申し出るなど，関心・愛情・感謝などを示す）

を是正するのではなく，認知症をかかえる人の内なる現実そのものを受けとめることを重視します。特に，その人が表現しているニーズ（欲求）を理解することが重要です。認知症になって問題行動を起こすのは，その人が人生の終盤において，穏やかに死を迎えるために，人生でやり残したことを「解決」しようとしていると考えます。「今から仕事に行く」という徘徊も家族を養う責任感や仕事への未練からかもしれません。認知症の進行は，認知の混乱，日時と季節の混乱，繰り返し動作，植物状態の4つのステージになります。認知の混乱では現実認識は比較的保たれていますが，なじみのないことには消極的です。日時と季節の混乱は時間，場所，ヒトの見当識が低下します。繰り返し動作では，ことばはわずかしか使えなくなり，動作を繰り返します。植物状態は現実から引きこもった状態です。コミュニケーションの方法を表3に示します。センタリングは精神統一で，心の雑念を取り払い，自分の感情を脇におき，思考を鎮め，自分の内にある強さや能力を引き出す方法です。高齢者が不安定になったときなどは，このセンタリングが役立ちます。また，ステージによって有効なコミュニケーション法は変わります。言語での意思疎通がむずかしくなったときは，アイコンタクトやタッチングなどの非言語的コミュニケーションが有効です。

4．現実見当識訓練（リアリティ・オリエンテーション；RO法）

　現実見当識訓練は認知に焦点を当てた心理的援助の方法で，見当識障害の

表3　バリデーションの方法（de Klerk-Rubin, 2006（稲谷・飛松訳，2009）から作表）

1．センタリング（精神統一）
2．観察
3．適切な距離を見つける
4．共感する
5．適切な言語的テクニックを使う
　　オープン・クエスチョン，相手が言ったことを繰り返す，キーワードを使う，極端なことを聞く，昔の思い出話をするなど
6．適切な非言語的テクニックを使う
　　ミラーリング，アイコンタクト，タッチングとアンカードタッチなど
7．肯定的な言葉で会話を終わる

是正と現実認識を高める方法です。自分が誰で，どこにいて，何をしているのか，周囲で何が起こっているのか，今はどんな時間かを高齢者が気づくように援助を行います。RO法には非定型RO法と定型RO法があります。非定形RO法はスタッフが対象者にさまざまな場面で日時や場所，人物などを繰り返し教示する方法で，定型RO法は対象者を集めて見当識に関する情報を提示する方法です（奥村，2010）。ただし，非定型RO法で，日常生活の中で，いろいろな物や人の名前を繰り返し聞くと高齢者は試されている感覚になる場合もあります。

5．回想法

　回想法は感情に焦点を当てたアプローチです。回想法はⅠ節3．で紹介しましたが，認知症をかかえる高齢者に対しても，入所施設やデイサービスなどでグループ回想法が行われています。まだ，認知症に対する回想法の効果については一貫した結論に至っていませんが，奥村（2010）はアルツハイマー病の高齢者に対する実践で，高齢者では語想起課題での語彙数が増加し，他者への関心や交流の円滑化が認められたこと，介護スタッフでは高齢者イメージが肯定的に変化したことを報告しています。筆者がグループ回想法に参加した経験でも，最近の記憶が曖昧になり，多くの支援が必要になった高齢者が，過去の出来事を生き生きと詳細に語る姿は高齢者の人柄，人生，「その人らしさ」を伝え，残されている力を感じさせるものでした。また，認知症が進行し，言語的コミュニケーションが困難になった場合は，会話よりも具体的な品物や作業を取り入れた内容にすると高齢者の負担は少なくなります。近年，認知症をかかえる高齢者を対象とした回想法として，スピリチュ

アル回想法（MacKinley & Trevitt, 2006）や施設での生活そのものを回想空間とする施設運営（小山，2011）なども提唱されています。

6．認知リハビリテーション・認知機能訓練

　認知リハビリテーションは認知に焦点を当てたアプローチです。松田（2006b）によると，認知リハビリテーションとは，主に神経心理学や認知心理学の理論に基づいて，機能回復や生活障害の改善を目指すアプローチです。認知症に対する認知リハビリテーションの目標は保持されている機能を最大限に活用し，困難な病気と対峙しながら，可能な限りその人らしい生活が送れるように援助することです。松田（2006b）はこれらの効果については治療者の力量が大きくかかわっていると指摘し，アセスメントとそれに基づく適切な配慮，心理的葛藤に対する心理療法的要素，具体的な問題への対応法や病状理解を促進する心理教育的配慮，訓練課題実施中の心理的サポートの重要性を指摘しています。具体的な実施例は松田（2005）が参考になります。

　認知機能訓練としては，脳科学と臨床研究から得た知見を基にした脳活性化パラダイムによる学習療法，誤りなし学習理論に基づく記憶訓練，メモリーエイドの使用などがあります。脳活性化パラダイムによる学習療法は大脳の前頭前野を活性化して，前頭前野の潜在的能力を回復させ，脳全体の働きを高める学習法です。Kawashima, R. ら（2005）は介護老人福祉施設での研究から，音読と計算が認知機能に有効であると指摘しています。脳トレとして，さまざまな課題が作成されています（川島，2004 など）。誤りなし学習理論に基づく記憶訓練は，参加者の名前など，実生活で覚えられずに困っている情報の学習を支援する方法です。メモリーエイドはメモやカレンダーなど外的記憶補助手段を使うものです。

7．コラージュ療法

　コラージュ療法は，雑誌に載っている風景，動植物，建築物などの写真を切り抜き，用紙に糊で貼り付けていく心理療法です。黒川（2005）は，アルツハイマー病の女性（80代）との心理療法において，コラージュを用い，一見了解不能な缶ジュースのプルトップを指にはめる危険行為が亡き夫のお迎えに備えて身ぎれいにしていたいという気持ちが表現であったことを紹介しています。コラージュ療法は，認知症が進行し，ことばで表現することが

困難になった高齢者にも有効と考えられ、今後、実践の積み重ねが期待されます。ただし、材料選びや見守りなど、実施時の配慮や作品の解釈には十分な専門的な知識や経験が必要です。

III　認知症をかかえる高齢者の家族に対する心理的援助

1．家族に対する心理的援助

　元気でしっかり者だった親や祖父母が認知症になり、徐々にいろいろなことができなくなることを見守る家族は大きな喪失を経験します。介護者は高齢者に「どうしてできないのか」と悩み、本人に厳しく接して、自責的になり、周囲から孤立する可能性があります。特に、認知症のBPSD（第8章参照）として、物盗られ妄想などの精神症状や徘徊などの問題行動があると、家族は大きなストレスを感じ、疲弊します。また、介護離職（介護のために離職すること）は、介護者の社会とのつながりや経済基盤を不安定にします。介護者が一人で介護を抱え込み、疲れて、精神的に追い詰められてしまうと虐待や介護心中につながる可能性もあります。このような家族への援助にはカウンセリング、心理教育、ケアマネジメント、家族会への参加があります。カウンセリングや心理教育は心理的援助ですが、心理的援助だけでは限界があります。ケアマネジメントは高齢者や家族のニーズに応じて、介護サービスやデイサービスの利用、家族の休息のための施設への一時入所（レスパイトケア）、施設入所など、医療や福祉の資源に繋ぐものです。

2．心理教育

　心理教育とは、病気や障害に罹患したことによる心理的葛藤に対する心理療法的介入と、病気の理解や必要なスキルなどの情報を提供する教育的介入を統合したものです。松田（2006a）は、アルツハイマー病患者と家族への心理教育を3期に分けています。病初期は、患者の心理的葛藤や苦悩の緩和を図る心理的サポートと生活上の問題の理解と対応を支える教育的アプローチが重要です。認知機能の心理検査の結果と生活状態の情報をもとに、問題の発生を理解し、対処方法を助言します。中期は心理的サポートに加えて、BPSDに対する具体的対応が必要になります。患者の情緒面の安定を保つことが重要になり、家族にはBPSDの理解や対応、介護サービスの利用に関する助言が有効です。後期は高齢者の自立度は低下し、介護が常に必要です。

表4　MCI（軽度認知障害）の診断基準（Winblad ら，2004）の要約

1．認知症または正常のいずれでもないこと
2．客観的な認知障害があり，同時に客観的な認知機能の経時的低下，または，主観的な低下の自己報告あるいは情報提供者による報告があること
3．日常生活能力は維持されており，かつ，複雑な手段的機能は正常か障害があっても最小であること

心理教育の中心は家族支援であり，日々の介護方法の指導や施設介護やターミナルに向かうプロセスを支えることが重要です。

IV　軽度認知障害と予防的介入

1．軽度認知障害（MCI；Mild Cognitive Impairment）

近年，認知症の予防的観点から軽度認知障害（MCI）が注目されています。Petersen ら（1999）は，一般的な認知機能や日常生活能力は保たれ，認知症ではないが，記憶に対する訴えがあり，記憶障害が認められるものを軽度認知障害としました。その後，記憶機能以外の認知機能の低下を含めた広義の概念（表4）が提唱されています。軽度認知障害は健常な状態と認知症の中間の状態で，1年で5％〜15％の人が認知症に移行する一方で，1年で約16％〜41％の人は健常な状態になることがわかっています。健常な状態への回復や認知症への移行を遅らせるためには，早期発見や早期からの認知症予防対策を行うことが重要です（国立研究開発法人国立長寿医療研究センター，2024）。

2．予防的介入

軽度認知障害がある高齢者には，認知機能等を評価し，医療および介護サービスの必要性や地域での支援について検討することが必要です。認知機能低下対策として効果があるとされるプログラムには，デュアルタスク（二重課題）運動や運動・栄養・認知機能訓練など多因子介入があります。具体的な内容としては，一般的な運動プログラム（ストレッチング，筋肉トレーニング，有酸素運動など），コグニサイズ（国立長寿医療センターが開発した運動と認知課題を組み合わせたデュアルタスク課題：スキップしながら手拍子など），認知的活動（ボードゲーム，読書，手芸，楽器演奏など）が有効と

されています（厚生労働省，2022）。

V　高齢者への心理的援助を行う場合に必要な配慮

　高齢者への心理的援助を行う場合に必要な配慮は，第1に，疾患の可能性を考えることです。高血圧や悪性腫瘍などの身体疾患や脳器質性疾患，精神疾患は抑うつと関連します。不安や葛藤など心理面だけに注目すると，疾患を見過ごし治療の時機を逃します。また，近年，高齢者の多剤服用（ポリファーマシー）の問題が注目されています。高齢になると処方される薬の数が増えますが，何種類もの薬を服用している場合，ふらつきや転倒，物忘れ，うつ，せん妄が起こりやすくなります（日本老年医学会ほか，2015）。疾患や薬物療法の理解を深め，必要に応じて医療機関と連携することが必要です。

　第2に，社会資源の活用です。配偶者の死や疾患により自立した生活を営むことがむずかしい場合は介護サービスやデイサービス，入所施設などの社会的資源の活用が有効です。介護保険制度や福祉制度を理解し，医療や福祉の関係者との連携が有効です。

　第3は，自殺を回避することです。わが国の高齢者の自殺率は高く，健康上の問題や家族への負担を苦にして自殺を考える高齢者もいます。他の年代に比べ，訴えが少ないので，わずかなサインに気づくなどきめ細やかな配慮が必要です（第11章参照）。

　第4は，心理的援助での柔軟な対応です。身体疾患や聴力や視力など感覚機能の低下や集中力の低下や疲れやすさから，ベッドサイドや自宅訪問など面接室以外で面接を行うこともあります。心理検査の場面で深い事柄が話されることもあります。このような場合，心理面接の基本を意識しながらも，柔軟な対応が求められます。

　最後に，高齢者の人生の物語を理解し受けとめようとする姿勢です。McAdams, D. P.（1993）はその人を知りたいとき，その人が人生をどのように語るのかを知ることが役立つと指摘しています（第1章参照）。ある認知症の女性は自分の子どもがわからなくなっても，施設で，かつて仕事としていた保育行動を続けています。認知機能の低下により言葉で語ることがむずかしくても，その行動からその女性の人生の物語が伝わってきます。また，ある女性歌手の母親も目の前にいる娘（女性歌手）は分からなくなっても，「○○（女性歌手の名）の母」ということは最期まで忘れませんでした。「○○

の母」というのは，余分なものをそぎ落とした究極の人生の物語とも言えます。このように考えると，人生の物語は Kitwood（1997）の「その人らしさ」と深く関連するものです。高齢者の語りや行動から，その人がどのような人生の物語を完成させようとしているのかを理解することが大切です。大村（2009）は在宅ホスピスの臨床心理士の経験から，医療職や介護職のように「具体的な何か」ができない無力感こそ，病気の前で絶望している患者とつながる接点ではないかと述べています。また，高齢者に唄を習い，オペラを見せてもらう経験から高齢者が伝えたい想いを受けとめる意義を指摘しています。心理的援助においても，高齢者の人生の物語，生き様，伝えたい想いを大切にする姿勢が望まれます。

おわりに

「その人らしさ」「人生の物語」「伝えたい想い」から考えると，高齢者への「心理的援助」とは一体，何かを再考する必要があるかもしれません。高齢者は単にケアを受ける人であることを望んでいるわけではありません。できないことを援助することは大切ですが，自分らしくありたい，誰かに人生で得てきたことを伝えたい，役に立ちたいという思いもあることを尊重したいものです。この問いとは別に，高齢者の心理臨床にはいろいろな可能性があります。特に，認知症の告知や不治の病など深刻な喪失を巡る問題の心理的援助（山口，2023）や緩和ケア（第 12 章参照），認知症や軽度認知障害における認知機能の的確なアセスメントと認知リハビリテーション，認知症によりコミュニケーションが困難になった高齢者の内界をコラージュ療法などで理解し，家族やスタッフに伝える介護者支援などの実践の可能性は大きく，今後の展開が望まれます。

文　　献

Butler, R. N. (1963) The life review : An interpretation of reminiscence in the aged'. Psychiatry, 26, 65-75.

Erikson, E. H. (1963) Childfood and Society. New York; W.W. Norton & Company.（仁科弥生訳（1977）幼児期と社会 1．みすず書房．）

Feil, N. (1993) The Validation Breakthrough. Cleveland, OH; Health Professions Press.（篠崎人理・高橋誠一訳（2001）バリデーション．筒井書房．）

de Klerk-Rubin, V. (2006) Validation for Family Caregiver. München; Ernst Reinhardt

Verlag.（稲谷ふみ枝監訳・飛松美紀訳（2009）認知症ケアのバリデーション・テクニック．筒井書房．）

Haight, B.K. (1986) The therapeutic role of a structured life review process in homebound elderly subjects. Journal of Gerontology, 43 (2), 40-44.

川島隆太・山崎律美（2004）学習療法の基礎知識―痴呆に挑む．くもん出版．

Kawashima, R., Okita, K., Yamazaki, R., et al. (2005) Reading aloud and arithmetic calculation improve frontal function of people with dementia. Journal of Gerontology Series A: Biological Sciences and Medical Sciences, 60 (3), 380-384.

Kitwood, T. (1997) Dementia Reconsidered: The Person Comes First. Buckingham; Open University Press.（高橋誠一訳（2005）認知症のパーソン・センタード・ケア．筒井書房．）

国立研究開発法人国立長寿医療センター（2024）あたまとからだを元気にするMCIハンドブック第2版．http://www.mhlw.go.jp/content/001272358.pdf（2024.10.15）

厚生労働省（2022）介護予防マニュアル第4版．https://www.mhlw.go.jp/content/12300000/001238550.pdf（2024.7.29）

小山敬子（2011）なぜ，「回想療法」が認知症に効くのか（祥伝社新書235）．祥伝社．

黒川由紀子（1994）痴呆老人に対する回想法グループ．老年医学雑誌，5; 73-81.

黒川由紀子（2005）高齢者の心理療法．In：黒川由紀子・斎藤正彦・松田修：老年臨床心理学．有斐閣，pp.110-140.

MacKinley, E. & Trevitt, C. (2006) Facilitating Spiritual Reminiscence for Older People with Dementia: A Leaning Package.（馬籠久美子訳，遠藤英俊・永田久美子・木之下徹監修（2010）認知症のスピリチュアルケア―こころのワークブック．新興医学出版社．）

松田修（2005）病初期のアルツハイマー病に対する認知リハビリテーション．In：黒川由紀子・斎藤正彦・松田修：老年臨床心理学．有斐閣，pp.145-166

松田修（2006a）高齢者の認知症とサイコエデュケーション．老年精神医学，17 (3), 302-306.

松田修（2006b）認知リハビリテーション．老年精神医学，17 (7), 736-741.

McAdams, D. P.（1993）The Stories We Live by: Personal Myths and Making of the Self. New York; Merrow.

日本神経学会監修／「認知症疾患診療ガイドライン」作成委員会編（2017）認知症疾患診療ガイドライン2017．医学書院．

日本老年医学会・日本医療研究開発機構研究費「高齢者の薬物治療の安全性に関する研究」研究班編（2015）高齢者の安全な薬物療法ガイドライン2015．https://www.jpn-geriat-soc.or.jp/publications/other/pdf/20170808_01.pdf（2024.7.29）

水野裕（2008）実践パーソン・センタード・ケア．ワールドプランニング．

野村豊子（1998）回想法とライフレビュー．中央法規．

野村豊子（2023）総説回想法とライフレヴュー―時・人・地域をつなぎ，今に生かす．中央法規．

奥村由美子（2010）認知症高齢者への回想法に関する研究．風間書房．

大村哲夫（2009）文化としての「死」―在宅ホスピスにおける心理臨床．臨床心理学，9(3), 433-435.

Petersen, R. C., Smith, G. E., Waring, S. C., et al. (1999) Mild cognitive impairment: Clinical characterization and outcome. Archives of Neurology, 56(3), 303-308.

山上雅子（2000）老いの変容可能性．In：岡本夏木・山上雅子編：意味の形成と発達―生涯発達序説．ミネルヴァ書房，pp.238-261.

山口智子編（2023）喪失のこころと支援―悲嘆のナラティヴとレジリエンス．遠見書房．

山中康裕（1985）老人の内的世界―老慢病棟の語り部．In：馬場謙一・福島章・小川捷之・山中康裕編：老いと死の深層．有斐閣，pp.163-189.

Winblad, B., Palmer, K., Kivipelto, M., el al. (2004) Mild cognitive impairment―Beyond controversies toward a consensus: Report of the International Working Group on Mild Cognitive Impairment. Journal of International Medicine, 265(3), 240-246.

第10章
施設の利用と支援者の心理

山本さやこ

はじめに

　最後まで自分の家で暮らしたい。そう願わない人はいないものの，現実には，現在，特別養護老人ホームや介護老人保健施設，有料老人ホーム，認知症グループホームなど何らかの介護施設で生活する高齢者は，ほぼ180万人（2022年現在），65歳以上の高齢者の約5％を占めています。高齢者人口，介護施設の増加に加えて，家族構成やライフスタイルの変化，一人暮らし高齢者の大幅な増加を受けて，私たちが自分自身あるいは家族の高齢期の生き方として，施設入居を選択肢に考えざるを得ない時代であるのは間違いありません。

　かつて施設は，身よりのない貧しい高齢者が行かざるを得ないところ，としてネガティブなイメージをもたれていました。介護保険導入（2000年）以来，介護施設は急速な勢いで増え，所得・階層に関係なく利用者も増え，施設の種類も多様になりました。平成14年（2002年）に個室・ユニットケアが本格的に導入されて以来，個人空間の確保がはかられ，建物・設備は格段に向上しました。かつての養老院からイメージされる貧弱な環境や，病院的な無機質な空間から，家庭的なしつらい，家具や内装へのこだわり，空調・浴室，介護機器設備の進化，清潔さなど環境面ではまったく異なった印象をもたれる施設が増えてきました。かつて欧米先進国に視察へ行った人たちは，おしなべてあちらの施設にため息をついて帰ってきたものでしたが，ことハード面に関しては，見劣りしない施設が標準的になったと言ってもよいでしょう。

　ただし，こうした施設に入るということは，高齢者，そして家族にとってどのような意味をもつのか，どのように新しい生活に適応してくことになるのか，何が介護施設の生活においてストレスであり喜びになるのか，高齢者，家族それぞれの視点に立って理解することがなければ，せっかく見事につくられたハードも半分以下の意味しかなさないでしょう。これまでどうしても介護施設を見るときに，そこで生活する高齢者の視点というのはどうしても

置き去りにされがちで，職員の視点からどういうケアがよいのか，と考えられがちでした。

この章では，介護施設という施設において，高齢者自身が受ける心理的影響を考え，高齢者がどのように折り合いをつけて施設を自分自身の新たな生活の場・手段として意味づけできるのか，最期に自分の人生の意味づけをし，幸せを感じることができるのか，どのように援助・環境が高齢者にとって意味のあるものになるのか見ていきたいと思います。

同時に，介護施設の急激な増加に伴って，大幅に増えた施設介護を行う職員のメンタル・ヘルスについてもここで考えていきたいと思います。介護施設で働く専門職はますます増えるでしょう。こうした高齢者対人援助職が，職業人として満足な働き方ができるかどうかは，入居する高齢者の幸せに直結しています。職員が幸せでない場所では，入居する高齢者もまた幸せでないのです。

I　高齢者にとっての介護施設へ入ること

介護施設に「入所」するとは，高齢者にとってどういうことなのでしょうか。受入側から見るとき，その人の「入所」には心身の状況や介護する家族の状態からみて妥当な理由があり，さして大きな疑問も生じないでしょう。ですが，入居者自身にとって，介護施設に入るのは人生における大事件なのです。若い皆さんに想像することは難しいでしょうから，少し似たような事例で考えてみましょう。

　　あなたが大学にいるときに，巨大地震が発生！　停電，通信網は麻痺，交通機関は止まり，道路も寸断。幸い建物は無事，大学は緊急の避難場所になり，近隣の住民も一緒に滞在することになりました。地震の影響が広範囲・甚大だったため，2日たっても，3日たっても，復旧の目処がたちません。なんとか衣食住は確保されたものの，家に帰る目処はたちません。そのまま，1週間たち，1カ月がたちます。多くの他人との生活は，プライバシーがなくしだいに窮屈になってきました。家に帰りたいのに，帰れない。あなたはだんだんどんな気持ちになってくるでしょうか，そしてどんな行動を起こすようになりますか？　あなたが失うのは何ですか？

災害時の避難所生活は誰もが望まないのですが，しかしやむを得ない事態です。高齢者の介護施設入居もまた同じです。本当は誰もが家で最期まで暮らしたい。家族に迷惑をかけたくないからと，自ら施設入居を選択する高齢者もありますが，多くは本人の意志ではなく，家族が施設を選び，入居を懇願され，なだめられ，やむを得ず入ってきます。来たくて来たわけではないのです。

　高齢者の家族もまた，自身の配偶者や親等家族を施設に入居させることに強い逡巡，罪悪感を覚えることが少なくありません。長期間生活を共にした伴侶はまして，親を施設へ入居させることも，やはり高齢者本人から奪われる日常生活，居場所，精神的な安定や自由，本人の人間関係を考え葛藤を覚えます。親亡き後を考え，障害をもつ我が子の施設入居を悩む親が抱く葛藤や罪悪感とも相似するかもしれませんが，一方で現在，高齢者の施設入居は家族の中で合理的な解決策として捉えられる傾向は強くなっていると感じられます。施設入居は，家族介護者が自身の家庭生活，健康，仕事に影響が出るほど疲弊している中で決定されることがままあります。それゆえに，施設入居を巡って高齢者本人と家族，あるいは家族間に意見の相違がある場合，高齢者の施設入居は家族間の不和を招くなど，痛みを伴う決定になる場合があります。

　施設に入ることで，高齢者は，家族・友人・地域など自分の愛着ある場所や関係から切り離され，なじんだ生活習慣を変えざるを得ず，時間や持ち物に対する自分自身のコントロール力を手放さざるを得なくなります。これまで人生で培ったさまざまな役割（例：父親・母親，祖父母，主婦，家内祭祀の主催者，趣味の同好会のメンバー，少年野球の監督，消防団のメンバー，職業上の地位や資格）は消え失せ，ただ介護施設に住む一老人という存在になります。これは大きな喪失体験であり，相当に大きな衝撃であることは想像に難くありません。

　テレビドラマ『家で死ぬということ』（2012年2月25日（土）21：00〜NHK総合で放映）では，岐阜県白川郷の合掌造の旧家で一人暮らしをする女主人公が，施設入居を子ども家族に勧められます。彼女の「家」という言葉のなかに，季節を巡る細やかな手仕事や家事，年中行事，一緒に生き，見送ってきた家族など，本人の心と身体に分かち難く結びついた歴史が存在していることがよくわかります。施設入居は本人の親族や友人・知人にとってもある種本人の社会的な「死」であり，直接的な関係や交流が途切れ

てしまう傾向があります。友人・知人が施設に入居すると，これまでと同様の交流ができるものとは思えず，施設訪問は心理的敷居が高く，電話や手紙等のやりとりも絶えてしまうことが少なくありません。新型コロナウイルス（COVID-19）の感染流行はその傾向を加速させてしまいました。介護施設は2020年〜2023年にわたり，程度の差はあれ面会制限をかけざるを得ず，その間はまったく近親者とさえ会えない，あるいは非常に限られた頻度と時間，間接的な面会方法でしか交流することができませんでした。高齢者本人，家族双方にとって，その期間に失われたものは計り知れないものがあります。

　施設生活は，個室のある施設も増えたとはいえ，まったく赤の他人と無期限の共同生活をし続けるストレス，自分の所有物と占有空間を侵害されるストレス，職員の意向に従うことが求められるストレス，自分の先々を予想させる障害・病気をもった高齢者を目前にしなければならないストレスを受けるものです。これまでの生活と切り離されることによる生きる目的の喪失，誰かに依存しなければならない存在，迷惑な存在，無価値な存在ではないかという自己否定につながりやすいのです（佐藤ほか，2010）。こうした状況により高齢者が抱きがちなのは「退屈」「孤独」「無力感」「喪失感」という陰性感情です。

1．施設生活への適応とは？

　しかしそうではあっても，人が災害時に避難所生活に適応していかなければならないのと同様に，たとえ自身が望んだ入居ではなくとも，高齢者は入居生活を受け入れる理由を求めます。「家に帰りたいですか？」という質問に，軽度の認知症をもつ方を含め多くの方が「それは帰りたいですよ。でもね，自分の身体のことを考えるとやはり難しいと思っている。家族に迷惑はかけたくないし，私はここに居たほうがいいの」といいます。「家族に迷惑をかけない」自分であるということは，入居者自身の消極的な自己肯定の意味をもっています。高齢者自身が，施設側からだけでなく，家族からも施設に馴染むよう期待されていることを理解しています。入居者の多くは，家族に対して施設の不満を言わないようにしています。

　高齢者自身が，新たな介護施設での生活に適応し生き残る術を考えていかざるを得ず，事実多くの高齢者は，入居時の不安を乗り越え，次第に安定した生活を送ることができるようになります。

　小倉（2007）は，高齢者のそうした過程を，施設の環境や人と，自分な

りの生活史と結びつけながら，施設生活の制約や規則のなかで「自分らしく生きられるように作った生活秩序」＝「個人生活ルーチン」をつくりだせることだとしています。それは，高齢者自身のこれまでの生活史に沿って，施設の中で物や役割や時間の使い方や職員，入居者どうしとの関係・交流を主体的につくりあげることにあります。

　入居者が施設のなかに，自分自身を表す「アイコン」を持っていたり，占有空間に置けることは，自分自身の生活史と施設がつながる要素です。ある人は自分自身が書きためてきた俳句や短歌を綴った手帳，またある人は手書きの住所録（おそらくすでに多くの人は亡くなっていたり，現住所とは異なっているでしょう），自分自身が描いた絵，若かりし頃訪ねた海外旅行のお土産，親や配偶者の位牌，長年応援してきたスポーツチームの旗や写真，植物が好きな人の植木鉢。欧米の施設ではよくある習慣ですが，本人の子どものときから成人，結婚，自身の子ども達，孫達の写真の掲示。

　同時に，施設のなかの生活空間や秩序，物のなかに，自分自身の生活や気晴らし，役割を結びつけられるかどうかも大きな要素です。リーダー役を務めることが好きだったり役目としていた入居者に，食事時の挨拶の役割が振り分けられたり，外部の施設見学者の案内を行ったり（山口県のデイサービスセンター「夢のみずうみ村」），過去の軍隊教練に即した体操アクティビティが行われたり（オーストラリアの退役軍人施設），手芸や絵などのクラブや，ヨガや体操など新たなアクティビティに取り組んでみたり，味付けや盛り付けに入ったり，おしぼり畳みなどの役割をもったりするなどです。高齢者が施設のなかでも，朝起きる意味を持てるようになり，有用感，役割意識をもてるようになるかどうかは，積極的な適応過程において意味をもちます。

　入居者が施設のなかで職員との間で自分の特に希望していること，困っていることに反応してもらえた体験は，施設で安心して暮らせるかどうかに大きくかかわります。全く新しい環境のなかで，入居者は，どこまで何を，自分でするべきなのか，家族に頼むべきことなのか，職員に頼んでもよいものなのか，判断がつきかねず不安に思っています。自分が口にできなかったことや，羞恥心に関わることを，責められることなく，さっと関心を寄せ，手を差し向けてもらえた体験は施設における生活の大変信頼に繋がります。しだいに施設の中の規則や制度，各職員の性向などをつかみ，利用者は自分自身の生活習慣とのかねあいをはかり，施設生活における折り合いをつけていきます。筆者の母親が施設入居後に職員に対して「あなたに頼みますね」等，

介助をしてくれる職員に愛想よく声をかけ，積極的に介助を受けている様子を目にして，たとえ認知症状があったとしても高齢者は施設の中で職員の手を借りて生きていくことを学習し，施設内の生活に適応していくのだと気づかされたものです。

一方，入居者は周囲の入居者との人間関係についてはためらいが大きく，どのように繋がっていけばよいのか迷っていることが多いです。職員から見れば周囲にたくさん入居者がいるのだから，話し相手がいない，淋しいと職員を追いかけなくても，話し相手はいるじゃないかと思いがちですが，入居者からみると「隣とはいっても，そんなに簡単に訪ねていけるわけでもないし，淋しいですね」となります。学校のように互いに来る目的や背景が共通集団ではない施設では，自分自身のことをどこまで開示するのかどうかも，利用者同士ではなかなか踏み込めず，個々の入居者が互いに距離を取りつつ，生活の場を送る様子がみてとれます。また，要介護度や認知症状の進行の違いによっては，容易に互いに交流が取りにくい場合もあります。

入居者同士の横のつながりは，施設側からの何らかのしかけや働きかけがない限りなかなか自然発生的に起こりにくいのです。心身の体力レベルも考慮しながら，アクティビティ活動であったり，作業であったり，行事であったり，何らか共通の場によって始めて，入居者がしだいに仲間をみつける過程があります。

入居者にとって，入居施設の制約と規則，環境の中にありながら，新しい人間関係とのつながり，職員との信頼関係があり，個々の過去の生活史を認識してもらった活動や環境，役割などがある場合，施設入居における喪失感，無力感，孤独，退屈に陥らず積極的意味づけを行える土台ができます。ある施設の管理者は，施設入居者が退屈に陥ることが，他の入居者や職員など内側への不満を高め批判の引き金になるのだと言います。

2．施設の中での不適応がおきる場合とは？

入居者がいったんつくりあげて安定期に入った「個人生活ルーチン」も新しいできごとによって大変もろく崩れやすいものです（小倉，2007）。本人ができると思っていたことが心身機能の衰えや痛みによってできなくなったり，施設の中で部屋がえやユニットの移動が生じたり，馴染みになった入居者が死亡したり，職員の退職や異動があるなど，施設の生活は決して一定ではありません。

なかでも職員との関係において，以下のように利用者は力を失いやすい存在です（小倉，2007）。

小倉によれば，1つには，入居者が職員にもう少し頼みたいと思ったことが，うまく相手に伝わらなかったり，伝えられなかったりした場合，入居者は自分で無理して問題を片づけようとしたり，我慢したりといった「無理な自己処理」をしてしまいます。ですが，これは問題の解決にはならず，より原因となる障害が重くなったり，問題が職員には見えなくなったりします。次には困っていることを入居者は職員に「お願い」しなければならなくなります。入居者は「お願い」をするには頼みやすい職員，時と場所を慎重に選ばなければなりません。気軽に聞いてくれる職員，笑顔で反応してくれる職員を選ばなければなりませんし，職員にいつも「ありがとう」とお礼を言わなければならなくなります。

2つ目の悪循環として，職員本意の援助をされる，ということがあります。援助が必要かどうかは，職員に決定権があり，職員と入居者の間には「世話される者」と「世話する者」の上下関係があると感じてしまいます。もっと問題なのは，入居者にとって「一貫しない援助」をされることです。時と場所によって，聞いてもらえたり，聞いてもらえなかったり，正しいとされることがころころ変わる，これは入居者が自分自身の「個人生活ルーチン」を作る上では非常に困難なことです。入居者は，ケアが不公平に分配される，ということにも敏感です。自分が遠慮してお願いを我慢していると思う入居者ほど，声の大きい入居者や問題を起こしやすい入居者に職員が手をかけることに不公平感を強く感じるようになるかもしれません。

職員の側からみれば，細々とした入居者の「お願い」や不公平の感覚は，忙しい業務に余裕がない場合，安易に無視しがちな一瞬の出来事かもしれません。ですが，入居者においてはこれはやがて自分自身には自分のための援助を決める決定権がない無力感，あきらめに繋がり，怒り，抑うつ，失望が生じ，職員にお任せ状態に陥るか，あるいは，強訴する入居者をつくりあげてしまう可能性もあります。

3．入居者にとってのウェルビーイング〈いいケアからいい生活へ〉

こうした負の連鎖を避けるためには，入居者が自分の生活史を理解され，自分の生活習慣をコントロールできている感覚を持てること，自分自身の空間・時間をもてること，本人にとって価値のある役割が生活の中にあること，

気軽に困ったことを頼めたり察してもらえる職員との関係があること，職員が入居者の行動や発言の背景を知ることが必要だと言えます。

　高齢者の入居を決定した家族にとっても，施設によるこうした入居者の生活史や習慣を理解しようとする対応は，家族の罪悪感を和らげ，入居後の新たな関係や交流を再度構築しようとするきっかけになり得ます。家族は入居前の負担からの解放感とともに施設内の規則や環境における高齢家族との過ごし方に戸惑いを持ちがちで，足が遠のく場合もあります。家族にも新たな施設における交流のあり方と役割を促す環境づくりが，入居者にとってのいい生活づくりの一つの要素になります。

　現在の介護の世界的な方向性としては，これまでの医療モデル，すなわち障害・瑕疵のある部分に焦点を当てて対処していくのではなく，生活モデル，すなわち本人自身が望む生活スタイルに沿って，できるところに目を向ける，残存能力の維持・向上，自立支援といった流れが強くなっています。もっと言えば，高齢者の衰退する機能だけに目を向けるのではなく，心理的・感情的な成熟，老年期の適応力，平均寿命が延びた高齢社会において老年期に何が必要なのか，最期まで心身の力を活かしていくことが求められるようになってきました。入居者にとってのウェルビーイングは，単に「いいケア」の追求ではなく，高齢者本人にとっての本人が生きてきた歴史や関係性を踏まえた生活の可能な限りの実現ではないかと考えられます。

Ⅱ　介護職・支援者の心理

　本章の前段で介護施設に入居する高齢者の心理とその援助について述べてきましたが，後段ではその援助者の心理について少しみていきたいと思います。Ⅰで見てきたように，高齢者一人ひとりの生活や背景，価値観を理解しながら，入居者の言動や感情，一瞬一瞬のニーズに気づき，かつ医療・介護の科学的な知識をもとに介入するというのは，実は口で言うほど容易すいことではなく，高度な仕事です。

　しかし今日，介護職員の深刻な不足が大きな問題となっております。『高齢社会白書』によれば，介護職員数は2000年に54万9千人が2022年には215万人と4倍弱にまで急増しており，さらに厚生労働省によれば2026年には240万人，2040年には272万人の介護職員のさらなる確保が必要であると公表されました。介護労働安定センターによる介護労働実態調査（令

和5年度）によれば，回答者の介護職員のうち約20％強は20代〜30代の職員によって担われており，国家資格である介護福祉士保有率も6割近くにまで上昇しています。採用率は上昇傾向にあり，離職率も減少傾向（2023年：13.1％）にあるという楽観的な指標がある一方，2022年には厚生労働省の雇用動態調査により入職率から離職率を引いた入職超過率が-1.6％となり初めて離職超過になったことが分かりました。どの介護施設も高い職員不足感を抱いているとともに，2020年からの新型コロナウイルス感染流行時には施設内の感染対策のため職員に大きな負担がかかりました。若年人口の減少，コロナ禍後の他業種を含む人手不足が相まって介護業界の人材確保競争に拍車がかかっています。

　一方，介護業界も2000年の介護保険導入以来有料老人ホームは16倍，特別養護老人ホームは2倍と，急速な拡大をしており，そのため，事業者としての労務管理や人材育成もまだ発展途上にある業界であることは否めません。急激に高まる人材需要のため，専門職としての質と人数の確保とが同時に求められる状態にあります。そのような中，国は介護職員として就労できる外国籍労働者の在留資格の範囲を2017年以降，技能実習，介護福祉士取得者，特定技能1号と次々新設し，事業者もコロナ禍の入国制限の解除後，急速に外国籍の介護職員の採用に力を入れ始めているところが増えています（2023年12月現在，技能実習生（介護）15,909人，特定技能1号（介護）28,400人，介護9,328人：出入国在留管理局公表）。

　介護業界は，若い世代が生涯をかけて対人援助職として成長してもらう職場であることが求められるとともに，新たに増加する外国籍職員とのコミュニケーション方法の確立，専門職として育てる課題に直面しています。労働安定センターの令和5（2023）年度調査によれば，令和4（2022）年度調査に比べて積極的に外国人職員を受け入れたい事業所が急増しています（2022年：13.1％→45.1％）。外国籍職員の受け入れに関してはまだ調査は少ないのですが，2008年から開始した経済連携協定（EPA）に基づく外国人介護福祉士候補者の受け入れ調査では，事業所内において欠かせない人材として見なされていることがうかがえます。介護業界は，国籍問わず長く満足して働ける環境とともに，少子化の日本に来日する若い外国籍の職員が介護専門職として育ち日本社会に長く定着できる幅広い支援が求められています。

1．介護職のやりがい・陥りやすい心理

働いて３年目以内ぐらいの介護職の人に「介護職として働いていて達成感があるのはどういうとき？」と尋ねたときに返ってくる答えとしてよく，「利用者さんに，『ありがとう』と言われたとき」と回答がよく返ってきます。同じ質問を理学療法士や看護師，はたまた臨床心理士など他の高齢者を援助する専門職にしたときとは，おそらく返ってこない回答でしょう。なぜならばこうした専門職は，相手（クライアント）が自分の介入によって得た利益・効果を，自分に返ってくる「お礼」では計らないからです。介護職にとって「ありがとう」と言われた行為そのものよりも，入居者が自分を承認してくれたことが，大きな励みになっています。

介護の世界では「利用者さんの『思い』に寄り沿うケア」という言葉がよく使われます。

思いに寄り添うというのは，一見分かりやすい言葉ですが，使う人によって異なる「思い」になる危険性とともに，入居者の「思い」と自分の「思い」が混同される可能性があります。対人援助職はどの職種であっても，援助者側の価値観，期待，欲や不安を背景にした介入だったのか，クライアントの真のニーズに基づいた介入だったのかを，自分自身の中で気づくことが求められます。

「ありがとう」と言われること事態が悪いわけではありません。ですが，「ありがとう」と言われる意味を考えることが必要なこと，そして「ありがとう」を求めるケア，自分を承認してもらえるケア，上下関係を固定化させてしまうケアをしてしまうことが達成感に繋がってしまわないか，そこは重要なポイントです。

介護職に入ってくる若者は総じて，多くは人の役に立つ仕事をしたい，熱意のある優しい人が多いです。高齢になった人が，側に居てもらいたいと感じさせる雰囲気を出している人が少なくありません。同時にまた頑張り屋さん，自己犠牲的な動きをする人も多いです。新人の頃，自分の生活のすべてが仕事，介護，高齢者の全てに染め上げられる人も少なくありません。休日も携帯電話で勤務中の職員と繋がり，入居者の状態を教えてもらう人もいます。こうした頑張りこそが，やり甲斐につながっていく人もいます。しかし同時に燃え尽きの原因にもなってきます。

介護の仕事は，援助の仕事のなかでも非常に構造化しにくい仕事です。なぜならば，利用者が百人いれば百通りの心身機能や生活史に応じた支援，生活という際限なく広がるものを相手にしなければならないからです。その一

方，職員が使える資源（人員・時間）は限られています。職員はいつも，入居者に十分なことをしてあげていない，という罪悪感を抱えつつ働かなければならなくなります。ついには，職員は「私（たち）だけが頑張っている」という被害妄想的な気持ちにさえ陥ることも希ではありません。

2．介護の構造化とメンタル・ヘルス

　どんな援助職でもそうですが，自分の自己肯定感の拠り所のすべてを，仕事そして入居者との関係に置かないことです。たとえ入居者に認められない瞬間や，認めてくれない入居者がいたとしても，私は私で十分 OK な人間だという自覚と土台がないと，援助職は参ってしまいます。

　そして，これまたどんな仕事にも共通することですが，とくに自分の頭・心・身体を道具にして相手に働きかける介護職は，自分自身の心身の「手入れ」が絶対に必要な仕事だということです。そのためには，仕事のオン・オフを明確に切り分けること，オフのときは，自分の心身から疲労，ストレスを解消させる時間を過ごすことが大事です。自分にとってどんな「手入れ」が効果的なのか，そのために仕事と同じぐらい自分自身に気持ちを注いであげることが大切です。「自分自身を大切にしないと，相手も大切にできない」のです。介護現場ではよく頭から湯気を出して働く姿が見られますし，それぐらい確かに業務は忙しいのですが，対入居者との関係を考えたとき，あまり効果的とは言えません。そうした介護職に対しては，入居者は大人しく介護をさせてくれるでしょうか。

　もう一つ重要なことは，ある入居者に対する介護が一貫性のないものにならないように，一人ひとりの入居者の「個人生活ルーチン」にとって何が大事か，手をかける部分の優先順位をつけることが大切です。どうしても介護職は，「平等に」提供しなければ苦情，文句が出ると思っていますし，確かに入居者はケアの不平等分配には敏感です。しかし，それぞれが一番大事な部分を知ってもらい，満足している場合は，相手が得をしている，自分が損をしているといった感情は生じにくくなります。介護が「契約」になって20年余り，ケアプランの理解もまだ一定ではないところがあります。ですが，本来ならば介護サービスもまた契約であり，際限なく行われるサービスではありません。ケアプランにより自分たちの援助に枠をつけると言う視点もまた重要なことです。

おわりに

　10 年以上介護を行い，現在は中間管理職にある職員に「達成感を感じるのはどういうときですか?」という質問をしたところ，「自分たちの関わりで利用者が幸せになったとき」「難しいケースを解決したとき」「利用者ができることが増えたとき」「利用者が自分の事業所を選んでくれたとき」という回答がかえってきました。3 年以内の介護職とは相当視点が異なってくるのがわかりますでしょうか。利用者の生活，幸福に働きかけた自信が見られます。

　介護施設においては，高齢者とその家族，職員が Win-Win の関係であることがとても大事なことなのです。この均衡がなければ，どうしても結局誰もが不満足，不幸な結末しか待っていません。職員が働く者として幸せである施設では，入居者もまた幸せな施設です。逆もまた真なり。

文　　献

福川康之（2007）老化とストレスの心理学：対人関係論的アプローチ．弘文堂．

長谷川和夫・長嶋紀一（1990）老人の心理．全国社会福祉協議会．

稲谷ふみ枝（2008）高齢者の心理的ウェルビーイングと臨床健康心理学的支援：ポジティブ心理学からのアプローチ．風間書房．

介護労働安定センター（2015）平成 27 年度版 介護労働実態調査．

海保博之監修・権藤恭之編（2008）朝倉心理学講座 15 高齢者心理学．朝倉書店．

小倉啓子（2007）ケア現場における心理臨床の質的研究：高齢者介護施設利用者の生活適応プロセス．弘文堂．

三好春樹（2008）ブリコラージュとしてのケア．In：上野千鶴子ほか編：ケアその思想と実践 1 ケアという思想．岩波書店．

長嶋紀一編・加藤紳司ほか（2003）新版老人心理学．建帛社．

岡田耕一郎・岡田浩子（2008）だから職員が辞めていく：施設介護マネジメントの失敗に学ぶ．環境新聞社．

佐藤眞一・大川一郎・谷口幸一（2010）老いとこころのケア：老年行動科学入門．ミネルヴァ書房．

染谷俊子（2007）福祉労働とキャリア形成：専門性は高まったか．ミネルヴァ書房．

植田寿之（2010）対人援助職の燃え尽きを防ぐ：個人・組織の専門性を高めるために．創元社．

高齢者を看取る家族のグリーフケア

間瀬敬子

介護は，高齢あるいは障害のために日常生活に不都合が生じた人に対してその人らしい生活が送れるように支援することです。

今日では，生活の延長線上に死があると考えられており，福祉施設での看取りが増加しつつあります。生活を支える介護職は高齢者および高齢者を看取る家族のケアにも重要な役割が求められています。

大切な人を失った人が，その悲しみを乗り越え環境の変化に適応しようとすることをグリーフワークといい，グリーフワークを支援することをグリーフケアといいます。グリーフは「悲嘆」と訳され，「悲嘆ケア」ともいわれています。喪失に直面したときに生じる身体的，心理的症状を含む情動的反応のことを悲嘆反応といい，身体的症状には，食欲不振，睡眠障害，疲労感等があります。心理的症状には，不安，孤独，怒り，罪責感，無気力・無感動等があります。悲嘆は正常の反応で時間の経過とともに回復していきますが，なかには抑うつ状態や期間が長引くなど病的な悲嘆に陥る人もいます。

悲嘆プロセスの理論の一つとして，アルフォンス・デーケン氏は，①精神的打撃と麻痺状態，②否認，③パニック，④怒りと不当感，⑤敵意とうらみ，⑥罪意識，⑦空想形成，幻想，⑧孤独感と抑うつ，⑨精神的混乱とアパシー（無関心），⑩あきらめ－受容，⑪新しい希望－ユーモアと笑いの再発見，⑫立ち直りの段階－新しいアイデンティティの誕生の12段階のモデルに分析しております。しかし，すべての人に生じるとは限らないことも述べております。

悲嘆反応は，個人の宗教観や価値観，あるいは生前にどのように関わったかにより異なってきます。そのため残された時間は大変貴重な時間となりますので家族が悔いを残さないように支援しなければなりません。例えば家族だけでゆっくり過ごす時間や気兼ねなく話のできる環境を提供すること，上・下肢のマッサージや手を握るなどスキンシップを通し，安心感，信頼感を深められるように声掛けをすることも必要です。家族が介助を希望すれば食事や衣服の交換などできることは一緒にケアに参加していただき，満足感や充実感が得られるように配慮します。家族の思いや不安を受け止め寄り添うとともに家族の健康状態を気遣うことも欠かせません。

死別前に死別後の環境の変化を想像し悲嘆の経験をすることを予期悲嘆といい，予期悲嘆を経験すると実際の悲嘆が軽く済むといわれております。家族が死別後の環境の変化や思いを自由に語ることができるように日頃から信頼関係を築いておくことはグリーフケアでは大変重要になります。

文　献

Alfons Deeken（2003）よく生きよく笑いよき死と出会う．新潮社．

第 3 部

死と看取り

第11章
死について

山口智子

はじめに

　人はいずれ死ぬことを知っています。高齢者は，心臓発作や脳出血などの病気で倒れる，がんの精密検査を勧められる，配偶者や友人が亡くなる，親の歳を超えるなどで死を意識することが多くなります。では，高齢者は死をどのように意味づけているのでしょうか？　死にゆくときはどのような経験するのでしょうか？　これらは高齢者の心理の重要な問いです。また，死の医療化と医療の選択，高齢者の自殺と自殺予防，孤立死についてもふれたいと思います。

I　死生学（Death and Life Studies）への関心

　わが国の令和4（2022）年の平均寿命は，男性81.05年，女性87.09年です（内閣府，2024）。戦前の平均寿命は50歳未満ですから，数十年で急激に平均寿命が伸びています。これは急に皆が長生きになったというわけではありません。乳幼児の死亡率が低下したことや延命治療の拡充も影響しています。以前，乳幼児の死亡率は高く，戦争もあり，死はもっと身近なものでしたが，医療技術が進歩し経済成長の著しい時代には，死は身近なものではなくなり，タブー化されました。しかし，近年，臓器移植と脳死の問題，自殺者の増加，人工栄養などによる延命治療の見直しなど，死と生への関心が高まっています。また，一般の人々の臨死体験への関心は高く，常に死を意識して生きる剣客を描いた『バガボンド』など映画やアニメでも取り上げられています（島薗，2008）。超高齢化社会のなかで，人がいかに生き，いかに死を迎えるかは高齢者だけでなく，他の年代の人々にとっても重要な問いとして認識され，死生学への関心が高まっています（清水・岡部・竹之内，2009）。また，近年では，自分が死んだときに自分自身や家族，周囲の人に迷惑をかけないように生前に自分自身の終末期に関する問題や望みを整理する「終活」への関心が高まっています（槇村，2024）。

Ⅱ　健康な高齢者の死の語り

まず，がんの告知など死が切実な問題とはなっていない，健康な高齢者が死をどのように意味づけているのかを紹介します。これは教育センターや福祉センターの講座などに参加している比較的健康で社会参加をしている高齢者に人生を語っていただく調査で得られた死の語りです（山口，2004）。語りの記述が多くなりますが，健康な高齢者の理解だけでなく，虚弱高齢者，要支援高齢者とのかかわりの参考になると思います。

1．他者の死から自分の死を語る

高齢者23名中20名が自発的に過去の出来事として重要な他者の死（親，配偶者，子ども，友人など）を語りました。自発的に他者の死を語らなかった3名は，現在の充実を重要と考え，「過去はくよくよ考えない」という高齢者でした。語りは「父が死んで，進学を諦めた」というだけで父の死そのものは語らない語りから，他者の死から自分の死について語るものまでさまざまです。自分の死を語った4名のうち，Aさんの語りを紹介します。

　　Aさんは調査者が自宅を訪問したとき，「大事なことをいい忘れてしまったので紙に書きました」といいながら，母から聞いた諺について語りました。そのあとで母の死について「近くに住んでいたので数カ月でも世話ができて良かった」と述べ，「人っておもしろい。自分が若い頃は死ぬなんて考えなかったけど，この年になると友達とも話すし，いろいろ準備するようになった。50過ぎて市内にお墓も買った。主人の実家の墓は遠いし，息子が行くのが不便だし，嫁もこちらの人なので正月やお盆で帰ってきたときにいいかなと。座布団は邪魔になるけど，お湯呑みくらいは買っておかないといけないとか，こんな話が普通にできるようになる。これが四国に巡礼に行ったときのもので（死装束には）これを着ていけばいい。転勤先からこちらに帰って，母の写真を飾るようになって，ときどき話しかけたりするから死ぬのは怖くない。かえって皆に会えるんじゃないかって思う」と語りました。

このように，高齢者は身近な者の死と関連づけて未来の自分の死を語る場

合もあります。一方，97歳の方は「この前（心臓発作で）死にかけた。それからはあんまり死のことは考えなくなった」と語りました。瀕死の経験は死を考えなくなるのかもしれません。

2．死者との会話と死者との再会

仏壇の前で死者と会話をすると語った高齢者は4名で，全員女性でした。仏壇にお供えをする日常的な宗教儀礼が死者との会話につながっています。

> Bさんは「長男の嫁ではないのに，途中から姑と同居することになり，いろいろあった」と言います。「しかし，考えてみれば，同居のお陰で働きに出られ，母が早くに亡くなったのでいろんなことを教えてもらった。おばあちゃんには感謝しています。痛い思いをしないで亡くなったので本当に良かったと思って。今でも嫌なことがあるとおばあちゃんに『こんなことがあったのよ』って話したりします」と語っています。

河合（1991）は日本人の心性として，「あの世」と「この世」の垣根の低さをあげています。すでに亡くなった過去の重要な人物は現在も高齢者の心の中に存在し，「仏さん」となった他者は，現在の問題に対処するとき愚痴の相手となり，さらに，「死んだら皆に会えるので死ぬのは怖くない」と死の不安を和らげています。

3．文化的観念の利用──「縁」「運命」「バチ」「前世」について

死の語りに「縁」「運命」「バチ」「前世」という文化的観念が用いられることがあります。「縁」は姑の世話のため，母の看病ができなかったことを「母は娘の縁のない人だったんだなあ」，「運命」は「妻が死んだとき，妻の母親にこれがあの子の運命と思って諦めてくださいと言われ，運命ということを考えるようになった」，「バチ」は「今，仏壇の高い花を買わないといけないのは，姑が仏壇の花を買ってきてもお金をあげなかった。バチがあたったのかもしれない」，「前世」は「土地を失った私ほど不幸な人はいない。前世で人を泣かしたろうか，因縁と影法師ついてまわると言うけれど」などです。

「縁」「運命」「バチ」「前世」は何かを諦めるとき，過去の挫折や葛藤を現実的に解決することが難しいとき，死という他者との別れに折合いをつけるときに用いられました。

4．死生観の生成：死や死後のことは「1つの考え方」

　死後の世界のことはわかりませんが，高齢者は他者との交流や葬儀への参列など死に関連する出来事を経験しながら，死や死後のイメージを生成しています。Aさんは，母の死を振り返り語った後で，「何事もものは考えようだものね」と付け加えました。

　　Cさんは，「この歳になると死ぬことを考えるようになります。この前，お坊さんのお話を聞きに行って，『死んだらどうなりますか？』って聞いたら，お坊さんが『行ったことがないからわからないけど，そんなに悪いところじゃないのかもしれませんね。あちらから戻ってくる人はいませんから』って。ああ，そういう考え方もあるんだなと思いました」と語りました。Cさんはその話を調査者に話したくて仕方がなかった様子で，調査者も問答の妙に感心し，〈そういう考え方もあるんですねえ〉と頷くと，「ねえ」と頷き，二人でどこかゆったりした時間を過ごすことができました。

　　Dさんは，「近所の葬式に行ったけど，親しくない人には迷惑かけるなと思った。自分の好きな俳優たちが亡くなって，皆，密葬だった。おんなじ考え方だったと思ってうれしかった」と話しました。Dさんは，死んだら無だと考えていて，医学に役立つと考えて，献体の登録手続きもしています。

　自身の死が切迫してくると気持ちや考えが変わるのかもしれませんが，高齢者は積極的に死生観を生成しつつ，一方で「ものは考えよう」，「1つの考え方」と言います。このように死について話す高齢者も多く，死はタブーだと考えて，死に関する会話を避ける必要はありません。広井（2009）は，日本人の死生観について，3つの層，すなわち，生と同時に死が含まれる汎神論的な層，生と死が二極化される仏教的な層，死＝無と考える科学的・唯物論的な層があると指摘しています。AさんやCさんは仏教的死生観，Dさんは科学的死生観とも言えます。

5．語らない死・語れない死・語られる死と語らない力

　　Eさんは初回の面接のとき，「お声をかけていただいたことはできる限りしようと思っている」と言われ，人生を語りました。しかし，2回目で，

調査者がまとめたライフヒストリーを「これで結構です」とうつ向きながら受け取り，足早に逃げるように帰っていかれました。それでも，約1年後の面接に協力してくださり，家族の話や仕事のこと，現在の友人のことを話しました。4回目の面接で初めて，「今年は息子の50回忌。暗くなるので娘たちにも話していないの。主人と二人でお参りできてよかったねと話しているの。笑顔がかわいい子でね，皆にかわいがられたの。元気で配給のミルクももらえなくて。ええ，おふとんも全部自分で作りましたよ。はしかで死んでかわいそう……いくつになっても切ない」と語りました。このとき，面接者は2回目のEさんの行動が理解できたように感じました。

Eさんは，初回は確認していないのでわかりませんが，2回目には息子さんの死を意識していたと思います。なぜ，Eさんは娘たちにも話していないのに，人生を語る面接に協力しようと思ったのでしょうか？　2回目以降の面接を拒否することもできたのですが，Eさんは面接を続けました。面接を重ねて，息子さんの死は「語らない死」「語れない死」から50回忌という「法要」を契機にして，「主人と二人でお参りできてよかった」と新しい意味が付与されて「語られる死」になりました。高齢者は重要な他者の死を「語らない」「語りたくない」だけでなく，「いつかだれかに語りたい」と相反する思いをもっている場合があります。また，他者を傷つける，雰囲気を悪くする，自身がつらいときは語らないという「語らない力」をもつと考えることができるかもしれません。

これらから，健康な高齢者の死の語りをまとめると，高齢者には死を語る高齢者と語らない高齢者があります。死を語る高齢者は「他者の死」や「葬儀への参列」から「自分の死」を語ることもあります。仏壇へのお供えなどの「日常的な宗教儀礼」は「仏さんとの会話」，「あの世」での「死者との再会」のイメージの形成につながり，「法要」が「重要な他者の死」を語る契機になりました。一方，「死は無」と考える場合は儀礼的な「葬儀への参列」は人に迷惑をかけることとして意味づけられました。

Ⅲ　終末期の死のプロセスとわが国の終末期高齢者の死生観

1．エリザベス・キューブラー・ロスの理論

表1　死の受容の五段階（Kübler-Ross, 1971）

1．否　認：自分が死ぬということは嘘ではないかと疑う段階
2．怒　り：なぜ自分が死ななければならないのかという怒りを周囲に向ける段階
3．取　引：なんとか死なずにすむように取引しようと試みる段階
4．抑うつ：なにもできなくなる段階
5．受　容：最終的に自分の死を受け入れる段階

　Kübler-Ross, E.（1969）は精神科医であり，医療現場では，死を前にした人は「被差別者」となり，「マイノリティ」として扱われることを発見し，人生の終わりをサポートする仕事をするようになりました。「死と死ぬことについて」の講義は終末期の患者にインタビューを行い，今どんなことを望んでいるか，直接，話を聴くものです。その講義をもとにまとめられたのが『死ぬ瞬間』です。有名な「死の受容の五段階」を表1に示します（田口, 2008）。この5つの段階について，必ずしもこの順番で進まないこと，受容に至らない場合もあることなどで批判されていますが，死に直面した時に，どのような心理状態があるのかを理解する枠組みにすることができます。

　その後，Kübler-Ross（1981）は「やり残した仕事」を加え，特に家族など親しい者との関係で，やり残した仕事を抱えたままでは死を受けとめられないとしています。この「やり残した仕事」は高齢者と関わるときの重要な視点ではないかと思います。親族間の仲たがいで疎遠になっている者との再会や仲直り，家族との思い出作りなどです。死の接近に圧倒されて受身的になっている場合，「やり残した仕事」は主体性を回復し，残りの時間をどう生きるか，死から生へと視点を転換する可能性があると思います。

2．わが国の在宅の終末期高齢者の死生観

　浅見（2006）は訪問看護師に対する面接調査から終末期療養者が看護師に語った死生観について検討しています。53名の高齢者が死生観を語り，死生観の表出がなかったのは50名です。表出のない原因は，主に言語障害，認知レベルや意識レベルの低下，気管切開など心身の状態でしたが，言語表出が可能でも表出がなかった12名については，死生観の聴き手である看護師の看護観や死生観が関連したと指摘し，終末期に関わる者への死生観教育の必要性を指摘しています。また，死は必然，いのちは所与という考えをもつ高齢者は総じて死を安らかに受容していること，多くの高齢者は健康でない自己に苦痛を感じながらも死を受容し，現在の状態にいくらか不満をもち

ながらも人生を比較的肯定的に受けとめるという微妙に錯綜する思いであること,「お迎えが来たら,なんもせんといてほしい」など自然死が大半の高齢者の死生観であること,身辺の自立を願う気持ちが強く,自己の存在が家族に迷惑をかけているのではないかという思いがあることを指摘しています。

3.「お迎え」体験と死の受容

　清藤・板橋・岡部（2002）は,自宅で死を迎える高齢者が先に亡くなった人など死者のヴィジョンを見る例を紹介し,こうした現象が「お迎え」と呼ばれてきたことを指摘しています。先に死んだ者のヴィジョンは医学的には「せん妄」であり,否定的な症状として治療の対象になりますが,清藤らはポジティブな「死生観文化」としてとらえました。在宅ホスピス医の岡部は,お迎えが来た者はほぼ例外なく非常に穏やかな最期を迎えたと報告しています。諸岡・桐原（2009）は在宅で看取りを経験した家族に調査を行い,調査協力者の約4割が,患者が他人に見えない人の存在や風景を語ったと報告しています。大村（2009, 2010）は,「お迎え」は本来,近世以前の文献では阿弥陀仏の「来迎」であり,近世以前は神仏のヴィジョンがほとんどでしたが,現代は親しい死者が多く,その変化には阿弥陀仏の来迎を望む念仏など宗教的準備がなされていないことを指摘しています。また,大村は自己の死は他者から「告知」されるとKübler-Ross（1969）のいう否認や怒りなどのネガティブな感情を引き起こしますが,自ら死者のヴィジョンを見たことによって死期を悟った場合は心的事実として抵抗なく穏やかに死を受容でき,現世と来世を行き来し遺された人を守護する「意味ある存在」としての自己が維持されると述べています。また,死者のヴィジョンは本人だけでなく看取る家族や医療関係者に死の受容と喪失を癒す有効な要素となると指摘しています。この他者からの告知と自らが死期を悟る違いは興味深い指摘であり,主体性が関連しているかもしれません。

4．死と自己観

　1．のKübler-Ross（1969）の指摘と,2と3のわが国の在宅高齢者の死は少し様相が異なります。この点について,大井（2008）は終末期医療の経験から,MarkusとKitayama（1991）の自己観に着目しました。大井は,Markusらの自己を他者と切り離された存在と感ずる「相互独立的自己観」を「アトム的自己」,つながった存在と認識する「相互協調的自己観」を「つ

ながりの自己」としました。「アトム的自己」では Kübler-Ross のプロセスの妥当性が認められ，「なぜ自分が……」と「怒り」の感情が強く長く続くのに比べ，「つながりの自己」では Kübler-Ross のプロセスが当てはまらないことも多く，子孫，神仏，国家，世界など自己を超越した存在とのつながりを感じる場合は死の恐怖が露骨に観察されることは少ないと述べています。死を自己観の視点から検討した論考は興味深く，愛着なども検討したい視点です。

Ⅳ　死の医療化と医療の選択

1．死の医療化：死を迎える高齢者が望んでいることと現実

次に，高齢者が死を迎える場所を見ましょう。高齢者が死に臨んで希望することは，痛みのないこと，家族に負担をかけないことです。自宅で家族に見守られて，安らかに終末期を過ごしたいというのは，現代日本に至るまで継承されてきた伝統的な死生観です（浅見，2006）。しかし，実際に亡くなる場所は 1976 年を境に自宅で亡くなる人は減少し，現在は約 8 割の人が病院等で亡くなっています。また，葬儀も葬祭場で行われ，家での葬儀は少なくなりました。死は病院で，葬儀は葬祭場ですから，家族や地域で死にゆく人をゆっくり看取ることも，葬儀の進め方を年長者に尋ね戸惑いながらも何とか弔い，葬送儀礼を受け継ぐことも困難になりました。緩和ケアや在宅終末期医療は医療費抑制として推進されていますが，緩和ケアや在宅終末期医療は自然な死，看取りを取り戻す試みという一面もあります。

2．医療の選択：自然死と人工的な死

戦後の高度成長期に人工栄養や人工呼吸等の医療技術が普及し，それまでは臓器不全で死に至っていたものをコントロールできるようになりました。それによって，回復や社会復帰の可能性が生じた反面，人工栄養や人工呼吸の管理下で死を迎えるという「人工的な死」が生じました。少しでも長生きするために人工栄養などを用いる「人工的な死」を望むか，「自然死」を望むか，個人が選択する時代になりました（清水ほか，2009）。認知症をかかえる高齢者では，本人の意思を確認することはむずかしく，「少しでも長生きしてほしい」と望む家族と，「自然にまかせたい」と思う家族など，家族内の意見の相違などが問題になります。この問題に関しては，現在，人生の

表2　高齢者の自殺の特徴（高橋（2009）から作表）

1. 原因は健康問題が多いが病苦は重病で死が迫り激しい苦痛を伴う場合はむしろ少ない
2. 家族や周りの人に迷惑と負担をかけたくない気持ちが強い
3. 二世代，三世代同居の高齢者の自殺が多く，家族内での心理的な孤独や葛藤がある
4. うつ病やうつ状態との関連が強い
5. うつ症状が身体化症状や心気症状として現れやすい
6. 身体疾患や疼痛があることはうつ病や自殺の促進因子になりうる
7. 他の年代に比べて，致死性の高い方法で自殺を図る傾向がある

最終段階における医療やケアのあり方が検討され，本人の意志を尊重することを基本的な考え方とするガイドラインが策定されています（厚生労働省，2018；日本医師会，2020）。

Ⅴ　高齢者の孤立と死：地域における予防活動

1．高齢者の自殺と地域における自殺予防

　令和5（2023）年の高齢者（60歳以上）の自殺者数は8,069人です。2010年代前半は10,000人を超えていたので，それに比べると減少傾向にありますが，いまだ多くの高齢者が自殺で命を失っています（内閣府，2024）。高橋（2009）によると，60歳以上の高齢者の自殺原因は健康問題が61.9％であり，その内訳は身体疾患の悩み38.1％，うつ病31.9％，その他の精神疾患5.8％です。他の年代に比べ，身体疾患の悩みが多くなっているのが特徴です。高齢者の自殺の特徴を表2に示します。特に，うつ症状が身体化症状や心気症状として現れやすくうつ症状を見逃す危険性があること，二世代，三世代同居の高齢者に自殺が多いこと，身体疾患や疼痛はうつ病や自殺の促進因子であることは注意する必要があります。

　高橋（2009）は自殺予防について，①高齢者の自殺の実態調査とうつ病の疫学調査を行い，②自殺念慮のあるうつ病高齢者を見つけて治療に結びつける，③高齢者自殺の現状や予防の教育・啓発活動を行うことで，自殺者が4分の1以下に減少したと報告しています。

　高齢者の自殺予防では，サインを見逃さないことが重要です（図1）。滝沢・須賀・森田（1988）は老年期うつ病の危険因子として，図1に示す8項目を挙げています。高橋（2009）はこの危険因子が自殺の危険因子と重複すると考えています。そこに，状況の変化として，①配偶者との死別，②身体疾患の発症または増悪，③医療機関からの退院，④家族や近隣者の転居や自

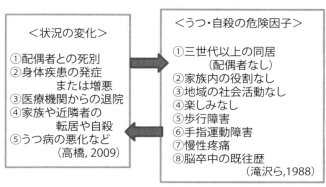

図1　高齢者の自殺予防：状況の変化とうつ・自殺の危険因子

殺，⑤うつ病の悪化などが生じたときは治療に結びつくような援助が必要であると指摘しています。すなわち，状態像と状況の変化の両方に気を配ることが重要です。

　高齢者の執拗な身体的訴えやふともらす「死にたい」ということばは，家族や介護者には心理的負担になりますが，高齢者からのSOSとして受けとめ，必要に応じて，治療につなげるなどの対応が求められます。

2．孤立死とセルフネグレクト

　近年，誰にも看取られることなく息を引き取り，その後，相当期間放置される「孤立死（孤独死）」が報道されています。東京都23区内では，令和4年に，4,868人の一人暮らしの高齢者が自宅で亡くなっています。そのすべてが孤立死ではありませんが，一人暮らしの場合は孤立死の可能性が高くなります。また，65歳以上で孤立死を身近な問題と感じている者の割合は約5割になっています（内閣府，2024）。ニッセイ基礎研究所（2011）によると，死後4日以上の放置の推計値は15,603人（男10,622人，女4,981人）です。その研究では，孤立死に至った高齢者の約80％にセルフネグレクトが認められ，セルフネグレクトは孤立死のリスクであると指摘しています。セルフネグレクトとは「高齢者が通常一人の人として，生活において当然に行うべき行為を行わない，あるいは行う能力がないことから，自己の心身の安全や健康が脅かされる状態に陥ること」です。このセルフネグレクトの回避には高齢者のwell-beingを支える日常的な社会的ネットワークを構築することが役立ちます。すなわち，社会的孤立を予防することがセルフネ

グレクトや孤立死を回避することにつながります。近年，いくつかの自治体は，孤立死や無縁仏化を回避するために，身寄りのない単身高齢者に対する終活支援サービスを行っていますが，対象者が限定されている，登録する内容が難しいなどの課題も指摘されています（槇村，2024）。

おわりに

本章では，高齢者が死をどのように語るのか，死のプロセスと死生観，死の医療化や自殺予防，孤立死などについて述べてきました。しかし，大切なのは，高齢者がいかに死ぬかではなく，死を意識するなかで残された時間をいかに豊かに生きるかです。また，家族や介護者が死にゆく人を見守りながら，いかに大切な時間を過ごし，その過程から何を学ぶのかです。

「高齢者から死の話をされたらどうしよう」と不安になった人もいるかもしれませんが，あまり不安になる必要はないと思います。高齢者は「この人は大丈夫かな？」と話す相手を選ぶ力をもっています。むしろ，無理に死の話を聞こうと頑張りすぎて，途中で不安になって，話から逃げてしまうことは避けたいものです。第13章で，死生観教育を取り上げますが，少しずつ，自分なりの死に対する考え方や姿勢を意識していくことが高齢者と関わる場合には必要です。それによって，高齢者との出会いやかかわりがより豊かなものになりますし，バーンアウトなどから自身を守ることになります。

なお，本章では，重要な他者の死をどう受けとめるのか，悲嘆のプロセスについては述べることができませんでした。トピックス「高齢者を看取る家族のグリーフケア」（154頁）や河合・デーケン（1988），山本（2014），山口（2024）などが参考になります。

文　献

浅見洋（2006）在宅における終末期高齢者が表出した死生観とその宗教的考察．宗教研究，349, 259-284.

広井良典（2008）生と死の時間—深層の時間への旅．In：島薗進・竹内整一編：死生学—死生学とは何か．東京大学出版会，pp.137-160.

河合千恵子・デーケン，A.（1988）配偶者との死別—その心理と対応．In：重兼芳子編：伴侶に先立たれた時．春秋社，pp.4-57.

河合隼雄（1991）日本人の死生観．In：多田富雄・河合隼雄編：生と死の様式—臨死時代を迎える日本人の死生観．誠信書房，pp.248-261.

清藤大輔・板橋政子・岡部健（2002）仙台近郊圏における「お迎え」現象の示唆するもの―在宅ホスピス実践の場から．緩和医療学，4 (1), 43-50.
厚生労働省（2018）人生の最終段階における医療・ケアの決定プロセスに関するガイドライン．https://www.mhlw.go.jp/file/06-Seisakujouhou-10800000-Iseikyoku/0000197721.pdf（2024.10.15）
Kübler-Ross, E.（1969）On Death and Dying. New York; Macmillan.（川口正吉訳（1971）死ぬ瞬間．読売新聞社．）
Kübler-Ross, E. (1981) Living with Death and Dying. New York; Macmillan.（川口正吉訳（1982）死ぬ瞬間の子どもたち．読売新聞社．）
槇村久子（2024）単身化社会における個々の死（終活）にかかる行政サービスの現状と課題．研究紀要，37，89-112.
Markus, H. R. & Kitayama, S. (1991) Culture and the self: Implication for cognition and motivation. Psychological Review, 98, 224-253.
内閣府（2024）高齢社会白書（令和 6 年版）．ぎょうせい．
日本医師会（2020）人生の最終段階における医療・ケアに関するガイドライン．http://www.med.or.jp/dl-med/doctor/r0205_acp_guideline.pdf（2024.10.15）
ニッセイ基礎研究所（2011）セルフ・ネグレクトと孤立死に関する実態把握と地域支援のあり方に関する調査研究報告書．
大井玄（2008）「自分の死」を死ぬとは．In：島薗進・竹内整一編：死生学―死生学とは何か．東京大学出版会，pp.211-234.
大村哲夫（2009）リンショウゲンバ 51 文化としての「死」―在宅ホスピスにおける心理臨床．臨床心理学，9, 433-435.
大村哲夫（2010）死者のヴィジョンをどう捉えるか―終末期における死の受容とスピリチュアル・ケア．論集，37, 178-154.
島薗進（2008）死生学とは何か―日本での形成過程を顧みて．In：島薗進・竹内整一編：死生学―死生学とは何か．東京大学出版会，pp.9-30.
清水哲郎・岡部健・竹之内裕文編（2009）どう生き，どう死ぬか―現場から考える死生学．弓箭書院．
髙橋邦明（2009）高齢者の自殺予防．In：髙橋祥友編：セラピストのための自殺予防ガイド．金剛出版，pp.88-102.
滝沢健二・須賀良一・森田昌宏（1988）老年期うつ病と身体障害の相関―山間過疎地における老年期うつ病の疫学調査より．心身医学，28, 427-431.
山口智子（2004）高齢者の人生の語りの発達臨床心理．ナカニシヤ出版．
山口智子編（2024）喪失のこころと支援―悲嘆のナラティヴとレジリエンス．遠見書房．
山本力（2014）喪失と悲嘆の心理臨床学―様態モデルとモーニングワーク．誠信書房．

『ベンジャミン・バトン―その数奇な人生』にみる加齢の姿

中原睦美

1922年に刊行されたFitzgerald, F. の短編「The Curious Case of Benjamin Button」（ベンジャミン・バトン―その数奇な人生）は，1986年頃から映画化が試みられ，ブラッド・ピット主演で2008年にようやく完成します。

フィンチャー監督は，「世間と逆行する体を持った人生の愛と死の物語である」と位置づけています。ターミナル期にある老女デイジーとその死に寄り沿う娘との対話から始まり，ベンジャミンが残した日記を娘が朗読する形で場面が始まります。デイジー自身の終末への不安や心残りと母親を喪失する予期悲嘆にかられる娘，という交錯する思いが描かれ，同時に一瞬の画像ですが「延命措置不要」シールに深刻さも描かれます。また，医療スタッフやホスピス・ボランティアの動きなどからは，2000年代初期のアメリカの緩和ケアの一端が垣間見られます。

主人公のベンジャミンは，1918年第一次世界大戦終戦日にボタン会社の息子として，母親の命と引き換えに出生します。老人の容貌をしたわが子に驚愕した父親の手によって老人ホームの外階段に捨てられます。養母クイニーは周囲の反対を押し切って，'神様のこども'として老人ホームで育てます。老人ホームでは死は日常であり，誰かが死んでは新しい老人が入所します。彼は認知症や多様な老いの様相をもつ高齢者と出会い，他方で心身の成長とともに獲得体験を重ね自信をつけていきます。ここでは「加齢に伴い若返る」という矛盾した様相を抱えて成長するベンジャミンの戸惑いや歓びが描かれます。幼いデイジーへの初恋もあります。その後，自立のテーマや思春期青年期のエピソードを織り交ぜながら老人ホームに戻り，20歳になったデイジーと再会します。そして……という物語です。

観客はベンジャミンを通して，彼の葛藤や歓び，孤独，周囲の人々の人生を追体験していきます。この映画には，スタッフ自らの看取りや老人ホームでの従事経験が反映されており，細部にわたって高齢者をめぐる状況が再現されています。そして，加齢と若返りを縦軸に，恋愛だけでなく孤独，獲得と喪失，父子葛藤，母子葛藤，同胞葛藤，戦争のPTSD，歓びや苦悩，ケアや終末のあり方などの人生の綾が織り込まれていきます。ベンジャミンの若返りを通し，加齢の肯定・否定両面が淡々と描かれていきます。

印象的なのは，夜半，幼いベンジャミンが，養母クイニーに生きる意味を問う場面です。クイニーは「私たちが行き着く先は同じ。ただ違う道を歩いているだけ……」と語ります。一回の限定性をもつ人間の存在が丁寧に描かれており，老いや生きる意味について考える機会を与えてくれるのではないでしょうか。

第12章
人生の最期の時に寄り添う心理的援助
がんを抱える人を中心に

中原睦美

はじめに

　高齢者の健康意識の高まりや医療技術の発達により，多くの疾患の治癒率が向上しています。それに伴い老年期では，認知症の増加とその対応，麻痺などの脳血管疾患後遺症をめぐる障害受容の問題，超高齢者のがんや大腿骨転倒骨折などへの手術適応の問題や，その後のケアの問題といった新たな課題が生じています。ここでは，がんを中心に，老年期における人生の最期の時に寄り添う意味について考えてみます。

I　がんをめぐるわが国の現状

1．わが国におけるがんの位置づけ

　わが国の死因は，結核や肺炎などの感染症が急速に減少し，生活習慣病の悪性新生物（がんなど）・心疾患・脳血管疾患が上位を独占し続けています。なかでもがんは1981年以降第1位で，その件数は増加の一途です。厚生労働省人口動態総覧による2022年（令和4年）の死因順位は，がんは38万5,797人で，2位の心疾患23万2,964人，3位の老衰17万9,529人，4位の脳血管疾患10万7,481に比して突出しており，年齢層に着目すると55歳からがんの罹患は増え，加齢とともに急増しています（図1，2；公益財団法人がん研究振興財団「がんの統計〈2023年度版〉」）。また，治癒率や生存率は著しく向上し，がんは慢性疾患と位置づけられるようになり，病を抱えながら仕事を続ける人が珍しくなくなりました。しかし，当事者にとっては深刻な病であることに変わりなく包括的な支援が求められます。

2．がん対策基本法

　がん対策基本法は，がんの対策の一層の充実のための国，地方公共団体，医療保険者，国民，医師等の責務を明確にし，基本施策，対策の推進に関す

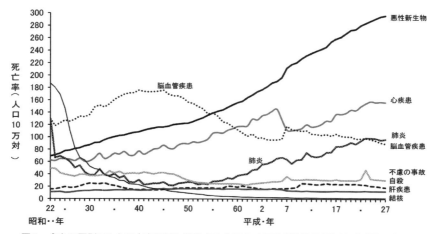

図1　主な死因別にみた死亡率の年次推移（平成27年人口動態統計月報年計(概数)の概況）

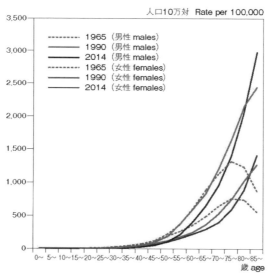

図2　年齢階級別がん死亡率推移・がん全体（1965, 1990, 2014）　18章32頁(1)図
　　　（財団法人がん研究振興財団「がんの統計'15」）

る計画と厚生労働省にがん対策推進会議を置くことを定めた法律です（平成18（2006）年6月20日法律第98号）。予防や早期発見の推進，がん医療の均てん化の促進等，研究の推進等が基本的施策とされました。さらに2023年3月末に「第4期がん対策基本計画」が閣議決定され，「誰1人取り残さないがん対策を推進し，全ての国民とがんの克服を目指す」全体目標

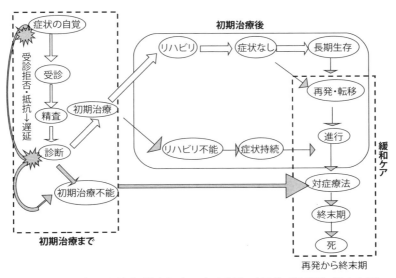

図3 がんの臨床経過と治療(内富ら(1995)を今回,中原が一部加筆作成したもの)

のもと,従前の予防・医療・共生の3本柱は維持しつつ,各分野での取り組む施策が定められ,がん治療は,分離した治療やケアから,外見の変化を補完するアピアランスケアをはじめとするがんとの共生を視野に入れた包括的なトータルケアに変容しています。

3．がんの治療過程

内富ら(1995)や堀江ら(2000)は,がんの診断や初期治療まで－初期治療後－再発・転移から終末まで,のプロセスを提示しています(図3)。各段階の心理支援については,症状自覚から初期治療の段階では,ショックや否認の有無を見立て,治療アドヒアランスを高めることが大切です。再発・転移の段階では,死の不安や生きる意味への丁寧な支援が重要となります。わが国では曖昧とされる'再発'の定義の確立や研究も急がれます。緩和ケアの段階では,症状や痛みの緩和,孤立感への支援が求められます。当事者は,自覚した直後から死の恐怖に苛まれますが,諦めだけでなく,「生きるにはこの治療しかない」という生への強い意志を有していることを念頭に置いた関わりが必要といえます。

4. インフォームド・コンセントとセカンド・オピニオン

'がん'ということばは，容易に「死」や「最期」を連想させます。小池（2010）は，インフォームド・コンセントと呼ばれる説明と同意——情報を得て治療方針を選択する——の意識の広まりが病名告知の希望者増加の一端にあることを指摘しています。さらに，セカンド・オピニオンと呼ばれる，ある医師の治療を受けている患者が，手術や治療法などの医療上重要な決定をする際に，それまでの治療経過をもとに他の医師の意見や所見を求めることが浸透してきたとしています。従来の受け身的な「医師や医療にお任せ」から，病を自分のものとして位置づけ，主体的に治療の方向性を決めようとする人が増えてきたことが推察されます。とくに老年期ではより丁寧な説明が必要となります。

他方，がん告知を受け「頭が真っ白になった」話がよく耳にされます。治癒率の程度によっても異なります。河合（1997）は，がん告知は生命に関わる事実を持ち，一体感的つながりを前提とする日本人には，医者と患者，家族と患者関係を切断し，見捨てられ感や孤独感を喚起する懸念を述べています。また，伝統的な「いかに死ぬか」という価値観から「いかに生きるか」に変貌した現代を鑑み，がん告知は，心のつながりをもちながら「関わる人が，心のエネルギーを費やして，本人の抱えている問題に値するだけのことを共にする覚悟が必要」としています（河合，1997）。これをもとに岸本（2004）は，'ことばの呪力'について例証し，告知が持つことばの意味の重さと責任性を述べています。さらにインフォームド・コンセントについても，患者主体の「相談による方針決定（SDM；shard decision making）」を紹介しています。本人の知る権利に応えることは大切ですが，医学的には余命数カ月の人が「（余命は）2，3年後と思う」と語ること珍しくありません。自分の死に向き合うその人にとっての告知の意味を丁寧に考える姿勢が求められます。

II 終末期医療について

1．ことばの整理

人生の最期をめぐる術語には，多様なものがあります（図4，表1）。いずれも「患者の基本的人権」を主眼に置き，罹患した人の安寧を求める点では同じ方向です。近年は，ホスピスケアやターミナルケアから派生した「緩和ケア」ということばが一般化しています。また，サイコオンコロジーは，「精

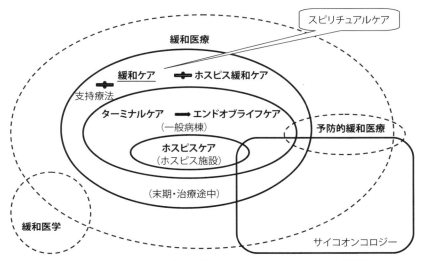

図4　終末医療・ケアをめぐる術語の関係図（柏木（2007）をもとに中原が作図）

神腫瘍学」と訳され，名称の通り腫瘍を対象としているという限定的なところが異なります。しかし，緩和ケアと重複する面が多く，緩和ケアとサイコオンコロジーは両輪とする方向性も示されています。柏木（2007）は，ことばは時代の変遷により変化することを指摘し，真の理解や支援，第三者に伝えるには本来の意味を知っておくことが重要であると述べています。

2．WHOの緩和ケアの見解とトータルペイン

　WHO（2002）では「緩和ケアは，生命を脅かす疾患による問題に直面する患者とその家族に対して，痛みやその他の身体的，心理的，社会的な問題，さらにスピリチュアルな問題を早期に発見し，的確な評価と処置を行うことによって，苦痛を予防したり和らげたりすることで，QOL（人生の質，生活の質）を改善する行為である」と提言されています。これを図示したものが全人的苦痛（図5）と呼ばれるもので，「その人」全体に関わる姿勢が窺われます。緩和ケアが一般化するなかで岸本（2015, 2018）は，誰のための緩和ケアなのかという問いから，痛みをめぐる当事者，家族，医療スタッフの捉え方について医師の立場から論じ，痛みとともに人が生きる意味の再考の必要性を投げかけています。

表1 終末医療・ケアをめぐる術語（高橋正実，2010；柏木，2007; Foley, 2001；河野・神代，1995；志真［日本ホスピス協会資料］）を編集

ホスピスケア （Hospice Care）	元々は聖地への殉教者や旅行者を温かくもてなす意味で，ターミナルケアを専門に行う施設が Hospice と呼ばれる。死にゆく人への全人的なアプローチを主張しており，緩和ケアの原点とされる。ケアする対象はハンセン氏病や結核から，がん，HIV と移行している。
ターミナルケア （Terminal Care）	多くの末期患者が一般病棟でケアを受けることからホスピスを含めた Terminal Care という術語が生まれ，終末期医療および看護のことを指す。QOL を向上することに主眼が置かれ医療的処置（緩和医療）に加え，精神的側面を重視した総合的な措置が取られる。
エンドオブライフケア （end of life care）	1999 年，アジア太平洋ホスピス・緩和ケア・ネットワークの学術総会で Dr. Kathleen M Foley が使用した術語。Terminal が「終わり」「最期」が連想されやすいことやその対象が，がん以外にも広がってきたためターミナルケアに替わって使用されつつある。
緩和ケア （Palliative Care）	ホスピス，ターミナルケア，エンドオブライフなどのことばからさらに派生してきた術語。1970 年代からカナダで提唱され，ホスピスケアの考え方を受け継ぎ，国や社会の違いを超えて人の死に向かう過程に焦点をあて 積極的なケアを提供することを主張し WHO（2002）がその概念を定式化。
緩和医学 （Palliative Medicine）	緩和ケアが「ケア」であるのに対して，医学の一分野としての術語である。
緩和医療 （Palliative Care）	Palliative Care と Palliative Medicine の両方の意味を包含し，その中間的なニュアンスをもつ術語である。Hospice Palliative Care はホスピスケアと緩和ケアを厳密に区別しにくいということから最近用いられる。
予防的緩和医療 （Preventive Palliative Medicine）	「緩和」ということばが，症状が出てから対応するというニュアンスがあることから，緩和医療では，苦痛を予防する方策を探るという意味から出た術語である。
サイコオンコロジー （Psycho-oncology）	がん患者の生命・生活の質を高める学問であり，心理学，精神医学のみならず，腫瘍学，免疫学，内分泌学，社会学，倫理学，哲学など多くの学問領域から成り立ち，あらゆる科学的手法を駆使してがんの人間学的側面を明らかにすることを目的としているもの。QOL の身体，心理，社会，実存的側面の向上のみならず，がん罹患や生存の改善も目的とし，「がんが心に与える影響」と「心や行動ががんに与える影響」を指す術語である。

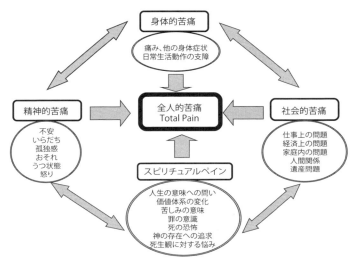

図5　全人的苦痛の概念図（河野（1995）がTwycross & Lackをもとに作成したものを再作成）

3．スピリチュアリティとは

　終末期医療において，「スピリチュアルケア」という術語が一般化しています。WHOでは1998年に健康の定義にdynamic（動的）とspiritual（スピリチュアル）を加え"Health is a dynamic state of complete physical, mental, spiritual and social well-being and not merely the absence of disease or infirmity."が提案されましたが正式採用に至らず，正式な訳は存在しません。しかし，緩和ケアの分野で肉体的苦痛，精神的苦痛，社会的な苦痛に次ぐ，第4の苦痛としてスピリチュアル・ペインが盛んに使われるようになり，スピリチュアルケアが注目されるようになります。

　'スピリチュアリティ（Spirituality）'の観点は適応理論のJames, W.や応用心理学のHall, G. S.らの時代からありますが展開せず，老年期の発達モデル研究に並行して'英知（wisdom）'の概念を受け，スピリチュアリティや宗教の研究につながります。ようやく1996年に'Religion, Spirituality, and Aging interest group'が米国老年学会に設立されます。しかし，あえて明確な定義や概念化はされていません（高橋，2010）。

　柏木（2007）は，適訳がないことを指摘し，スピリチュアルケアとは「その人が自分の存在の意味がつかめるように，その人が持っている価値観を尊重してケアすることではないか」と述べています。

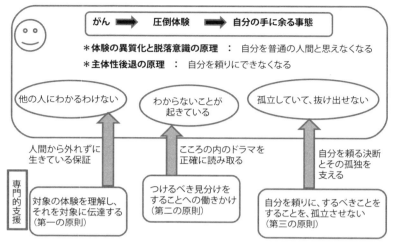

図6 圧倒体験と支援（辻（2008）を元に中原が作成）

4．「死の受容」と「病の受容」をめぐる課題

　死の受容モデルは，Kübler-Ross, E.（1969）が提唱した告知後のショックから「否認，怒り，取引，抑うつ，受容」への5段階が良く知られています。この段階は，葛藤状況により行き戻りや滞りが想定されます。Kübler-Ross自身，病を抱えた際「この説通りにはいかない」と述懐したと聞きます。それでも，ショックや怒り，否認，抑うつは生じやすい事態であり，その段階を理解しておくことは重要です。むしろ，平気な振る舞いや多幸的に見える場合は，より慎重に関わる必要があります。

　辻（2003）は，Kübler-RossやDroutar, D.の理論を参照し，統合失調症やがんの体験は'圧倒体験'であるとしています（図6）。そこでは「普通の人間であることからの脱落の意識」が生じ，「主体性が後退し，自分を頼りにしてしなければならないことから順にできなくなる」悪循環に陥るとし，周囲の者は，対象のこころの内のドラマ（体験）を正確に読み取り，伝え返し，孤立させないことが必要であると述べています。

III　老年期のがんをめぐる新たな課題

1．進行の緩慢さ

　老年期におけるがんの進行は比較的緩やかであり，昔は，死後にがんが判

明する'天寿がん'という現象がありました。現代は長寿化と診断精度の向上により早期発見が向上し老年期のがんは国民病のひとつとなっています。他方、進行が緩慢なことから治療選択は、先端医療から積極的にがん治療を行わない方法まで幅広くあります。老年期は身体機能や認知機能、人生観など個人差が大きいため、その人が生きてきた歴史や家族関係を含め、生活背景や個別性を踏まえた支援姿勢が求められます。

2. 治療選択をめぐる課題

　早期発見・早期治療の啓発がなされても受診が遅れる事例があります。初老期では、「知るのが怖い」が目立ち、女性の場合は「恥ずかしい」「家族優先で自分のことは二の次」などの理由が珍しくありません（中原，2003）。

　老年期では「もう年だから治療しなくていい」「子どもに迷惑かけたくない」なども聞かれます。医療側にも「超高齢者に施してよいのか」という精密検査や手術への葛藤が生じます。超高齢者や本人の判断力が著しく低下している場合は、家族の意向が強く反映され、キーパーソンによって治療方針が左右されがちです。人生観や人間観が関わることからマニュアル化は困難であり、丁寧なインフォームド・コンセントや個別対応が必要となります。若い時から備えることが一案ですが、実際に直面しないとわからないですし、気持ちは変化するものです。このあまりにも人間らしい迷いや気持ちの揺れがあることを前提に、一人ひとりに関わる視点が、意味ある治療選択や早期発見・早期治療、心理教育につながるのではないでしょうか。

3. 家族への支援

　病や死の課題は本人だけに留まりません。とくに家族はショックや悲しみ、大きな負担を抱えることになります。物理的負担や心理的負担、経済的負担、社会的負担などさまざまな葛藤が生じます。なかには家族の側が「大切な人を失う」予期不安に取り込まれ、当事者の方が遠慮して辛さや内的葛藤を表現できない事例や家族が抱え込んで共倒れしてしまう事例、それまでカムフラージュされてきた家族の問題が露呈してしまう事例などもあります。

　本人への心理面接同様、家族面接も積極的に位置づける必要があります。家族面接では大切な家族が亡くなる不安が、医療に対する怒りやクレームに置き換えて出されることもあります。その背景にあるぶつけ所のない複雑な思いを丁寧に共感し了解できる専門的知識が求められます。家族が「やりきっ

た」という看取りの実感を持つことが，その後に反映するように思われます。逆に，周囲の安易な「大丈夫ですよ」の一言が過剰な期待や混乱を引き起こすこともあります。家族支援のためにも医師，看護師，MSW，心理専門職の一貫したチームでの支援体制づくりが必要です。医療スタッフの人間的な関わりが家族に共有されることで，病院での看取りになっても感謝される姿を見てきました。これも緩和ケアの一つの姿といえるのではないでしょうか。

Ⅳ　人生最期の時に寄り沿うこと：not doing, but being…

　がんの終末期に寄り添わせていただいた事例を紹介します。事実は個人情報を考慮し，一部改編してあります。脳血管疾患後遺症（中途障害）やターミナルケアにおける自己像のあり方や居場所感の重要さ，コラージュ療法の実際例などについては拙著（2003a, b）をご参照下さい。

1．事例Aさん：仏壇を一緒に選んでほしいと依頼された事例（60代, 男性）

　末期の肺がんにて入院されます。意識ははっきりしており，本人がカウンセリングを希望されているとのことで心理面接に紹介されます。骨転移があり，呼吸補助具をつける直前の状態のため，ベッドサイドでの面接となりました。疲労や息苦しさは見られますが会話意欲は高く，初回から職業歴や生活歴など人生を振り返るような語りが展開されました。心理面接は負担を考慮し30分程度で終えるようにしました。「睡眠時間を削って働いた」仕事の苦労話のなかにもAさんの仕事への自負が窺われました。ある時，オーバーテーブルの脇にあるパンフレットを取ってくれるように頼まれます。それは仏壇のパンフレットでした。Aさんは「仏壇を選びたいんだけど……」「家族は，『そんな話，しないでよ』というばかりだし，看護師さんは『何を言っているの』といって取り合ってくれないんだよ」と訴えます。〈仏壇を選びたいのにはAさんなりの思いがおありなのですよね〉とお聴きすると，「一緒に選んでくれる？」と口にされるのでうなずきました。Aさんは嬉しそうにパンフレットを広げ，3つの仏壇で迷っているといいます。〈どう違うのでしょう？〉とお聴きすると，素材が紫檀であるかどうか，値段が安すぎるのは困るなどが語られます。この話を医療スタッフと共有すると「よく，そんな話ができますね」と驚かれます。しかし，Aさんにとって仏壇を選ぶことには大きな意味があり，生きた証になるであろうと感じました。その後，

職場でＡさんが紫檀製の用具を使っていた自負が語られ，紫檀の仏壇にこめられた幾重もの意味が明らかになります。そして，さらりと付け加えるように「仏壇くらいちゃんとしたのを買っておかないと，妻や子どもが恥ずかしい思いをするでしょう」と語ります。死にゆくわが身を自覚してなお，家族を思いやるＡさんの思いや，家族の中で生き続ける存在の意味が感じられ，それを伝え返すと，さらに家族への思いが語られます。周囲が死の話題を遠ざけるなか，Ａさんは一人，死と向き合っていたのでした。

医療スタッフや家族にＡさんへの気持ちが不足しているわけではありません。各々の役割があり，安易に聴くことの危険性もあります。仏壇の話にまつわる物語に集約されている思いに向き合い丁寧に聴く心の専門家が必要といえます。そして，このＡさんの思いをご家族やスタッフに伝えることも心理専門職の仕事であり，ご家族はＡさんの気持ちに触れ涙されました。仏壇を選んだ後，直接の会話は不可能となります。面接ではベッドサイドでそっと見守ることが続く経過のなか，家族に見守られＡさんは逝去されました。

2．事例Ｂさん：受診が遅延し深刻な状態で入院した事例（60代，女性）

初診時，大腸がんがかなり進行していました。Ｂさんはショックが大きく心理面接も強く拒否し，早々に退院されます。その後，外来受診の度に自ら話しかけてくるようになり，再入院後は心理面接に抵抗は見られません。ベッドサイドでの面接では幼少期からの生活歴の語りが展開されました。面接を重ねた頃，家族に医療関係者がおり「だから受診に抵抗があり」「場所が場所だけに受診が恥ずかしかった」こと，告知に「ああ，やっぱり」と強くショックを受け落胆したことが感情を抑えて語られます。淡々とみえる語りからは深い諦念とＢさんが抱えてきた生活の重さが伝わってきました。それ以降，がんや死について話題にすることはありませんでしたが，コラージュ制作では，不安や孤独，死を悟り覚悟したような世代をつなぐような世界が表現されました。後半は家族の話，四方山話が増え，そこには常に母としての思いが込められていました。個室であったことから，ご家族が比較的長く泊まり込むなか，静かに最期を迎えられました。

3．2つの事例が伝えてくれるもの

お二人ともことばにせずとも深刻な状態を覚悟されていました。他方，ご家族は医療への一縷の期待を抱いていました。事例Ａさんは，生きてきた証

が仏壇選びに込められていました。自分が亡くなった後の家族への思い，誇りがあった仕事と仏壇を結ぶ紫檀，仏壇にはAさんの生の証やつながりが感じられます。事例Bさんは，受診遅延すらも自分の責任として受け止め，人生の語り直しのなかでは子どもや孫の話題が中心でした。後日，Bさんが早い段階で終末を覚悟していた事実を知って辛かったとご主人は語られました。

　柏木（2007）は，ターミナル（terminal）ということばはラテン語で境界や究極の意味を持つterminus（テルミヌス）に由来し，ターミナルケアを正確に訳せば，終末期のケアでなく境界のケアであると述べています。死はこの世との別れでありながらも新しい世界への出立であり，ターミナルケアは，「渡し守のような役割で向こう岸に人々を安全に渡す」ものであるとしています。心理面接では，ふっと堰を切ったように泣かれることがあります。自分の生と再会する過程のなかで病の持つ本当の意味——死との対峙——に触れた瞬間と重なったように思います。他方，心理面接では，支援者はなすすべもなくそこに居続けるしかできないわが身の無力さに苛まれることが多々あります。そこでは，この瞬間を含めて彼岸を一緒にみようとする柔らかい，かつ肚の座った姿勢が心理専門職には求められるのではないでしょうか。

　がん告知や余命告知は「する−しない」のいずれの場合でも，死に向かう歩みは，すでに本人が死と対峙しながら繰り返し進めてきている作業です。支援者側には「何かをしないと支援といえないのではないか」という焦りが生じるかもしれません。しかし，その場に居ることを許されることにも意味があります。not doing, but being をベースに，そこに「ある」人を大切にし，支援者自身も「共にある」ことを自覚し，その人にとって意味ある援助方略を模索することに尽きるのではないでしょうか。

　社会や経済状況が不確定な方向に変貌する昨今，家族も多忙となり，ターミナル期を病院に「お任せ」せざるをえない事例が少なくありません。縁あって関わる者は画一的なマニュアルでなく，ご縁を紡いでいく心持ちが求められる気がします。

V　医療スタッフへの心理支援

　バーンアウトはFreudenberger（1974）によって提唱され，燃え尽き症候群と訳されます。わが国のバーンアウト研究は1980年代から盛んとなり

看護師のバーンアウトは他の医療従事者よりも深刻であることが指摘されています。落合（2009）は，臨床心理学の見地からヒューマンサービス職特有の疲弊として教師と精神科看護師のバーンアウトを取り上げ，その生成についてエスノグラフィーの観点から論じています。

　がんや終末期の支援に携わる場合，真剣に取り組めば取り組むほど，心理面に関われば関わるほど，疲労は自覚されにくく，蓄積してしまいます。当事者は苦しみを理解して欲しい反面，「簡単にわかられてたまるか」という怒りも内在しているものです。支援者として関わるにあたっては対岸の火事のような他者性ではなく，自己の病として感じることも求められます。しかし，それだけでは共倒れの危険があります。スーパーヴィジョンや定期的なケース・カンファレンス等で情報を共有し，一人で抱え込まない環境づくりや，管理者が「休むことも重要な仕事である（強制休養）」というCIS（支援者側の支援）の概念を持って適切なスケジュール管理をし，支援体制に気を配ることも肝要です（中原，2004）。それが，その人とのご縁を大事にするゆとりを育み，関わる側の支えにつながるのではないでしょうか。

おわりに

　ここまで述べたことは，がん以外の脳血管疾患・認知症ほかの疾患や被害体験の理解や心理支援のあり方とも重なるように思います。生きる姿や死にゆく姿，そして，こころは独自性が高く多様な価値観が存在しています。人は生まれた瞬間から死に向かう存在です。最期に至る過程はそれぞれでも辿り着く所は同じです。いかに死ぬかを考えることが難しい現代において，老年期や最期をいかに迎えるかというテーマは，老年期を生きる人のみでなく私たちにも自分の人生を生きる意味を投げかけているのではないでしょうか。

文　　献

Freudenberger, H. J.（1974）Staff burnout. Journal of Social Issues, 30 (1), 159-165.
福江真由美・内富庸介・皆川英明（2000）がんに対する反応．In：山脇成人監修・内富庸介編：サイコオンコロジー――がん医療における心の医学．診療新社．
柏木哲夫（2007）生と死の医学．綜合臨床, 56 (9), 2744-2748.
河合隼雄（1997）対話する家族．潮出版．
岸本寛史（2004）緩和のこころ―癌患者への心理的援助のために．誠信書房．
岸本寛史（2015）緩和ケアという物語―正しい説明という暴力．創元社．

岸本寛史（2018）迷走する緩和ケア―エビデンスに潜む罠．誠信書房．

小池眞規子（2010）予期せぬ人生の危機の理解と心理臨床的援助．In：岡本佑子編：成人発達臨床心理学ハンドブック―個と関係性からライフサイクルを見る．ナカニシヤ出版．

河野博臣（1995）サイコオンコロジーの歴史と理念―がん患者のQOLを高めるために．In：河野博臣・神代尚芳編：サイコオンコロジー入門―がん患者のQOLを高めるために．日本評論社．

厚労省：死因別人口動態統計（「16 主要死因別死亡率年次推移」「年齢階級別がん死亡率推移」）．https://www.mhlw.go.jp/toukei/saikin/hw/jinkou/kakutei22/dl/11_h7.pdf

Kübler-Ross E. (1969) On Death and Dying. New York; Macmillan.（川口正吉訳（1975）死ぬ瞬間―死にゆく人々との対話．読売新聞社．）

中原睦美（2003a）外科領域における心理臨床の実際と留意点．In：蔭山英順監修・森田美祢子・川瀬正裕・金井篤子編：21世紀の心理臨床．ナカニシヤ出版．

中原睦美（2003b）病体と居場所感―脳卒中・がんを抱える人を中心に（心理臨床学モノグラフ第2巻）．創元社．

中原睦美（2004）がん・末期がん患者の心をどのように理解し受け止めるか．総合消化器ケア（特集：消化器疾患患者のメンタルケア〜誰も教えてくれなかったかかわりかたのコツ），9 (6), 19-23.

中原睦美（2022）死にゆく歩みに寄り添うこころ―ターミナル領域における心理支援から．ACADEMIA, 189, 31-34.

落合美貴子（2009）バーンアウトのエスノグラフィー：教師・精神科看護師の疲弊．In：下山晴彦監修：シリーズ・臨床心理学研究の最前線2．ミネルヴァ書房．

Takahashi, M.（2010）老年学におけるスピリチュアリティの理論的研究の歴史と動向．老年社会学，31 (4), 502-508.

辻　悟（2008）治療精神医学の実際―こころのホームとアウェイ．創元社．

内富庸介・皆川英明・岡本仁（1995）がん患者のコンサルテーション・リエゾン―精神医学とサイコオンコロジー．In：河野博臣・神代尚芳編：サイコオンコロジー入門―がん患者のQOLを高めるために．日本評論社．

老年期における
コラージュ・ボックス法の可能性

中原睦美

Collageとはフランス語で「糊で貼ること」を意味し、ピカソらに代表されるキュビズムと、エルンストらに代表される精神分析理論の影響を受けたシュールレアリズムの流れがあり、アメリカの作業療法分野でアセスメントとして発展しました。わが国では、森谷 (2023) が、コラージュ療法開発にあたり「持ち運べる箱庭」として1987年から用いている技法で、わが国独自の心理療法の技法と位置づけています。

コラージュ療法は既存の雑誌の写真の切り抜きというレディメイドの素材を使用するため創造する負担が軽減されながらも内界の表現やメッセージ性は担保されています。また、持ち運びができるため病室などでも制作が可能です。コラージュ療法は大きくマガジンピクチャー・コラージュ法とコラージュ・ボックス法に分けられ、多様な技法の開発が試みられています。

ボックス法は、箱の中にあらかじめセラピストによりクライエントが使うであろうと推測された種々の切り抜き（パーツ）が準備されます。パーツは、対象者のテーマや癒し、発達、ジェンダー等の視点や大一小、群一個、遠景一近景など多角的な視点から準備されます。この事前にセラピストが行うパーツの準備性が他のコラージュ技法との実施上の相違であり、さらなる面接関係の展開が生じます。認知症者のコラージュ制作（石﨑、2001ほか）やターミナル期およびがんを抱える人々のコラージュ療法（匹田、1999；中原、2003）の論文もあります。今後、老年期の心理療法場面での可能性が期待されます。

コラージュ療法は比較的安全な心理療

図　コラージュの例（ターミナル期の女性）

法の技法と位置づけられます。しかし、完全に安全なツールではありません。表現療法は簡便さが強調されますが、適切かつ十分に訓練を積んでいないと想定外の内界が表現された場合、相手を傷つけ苦しめてしまう危険があります。どれほど安全弁を設けても危険はつきものです。実施が簡便でも表現される内的世界は重いものです。老年期の人に導入する際には、さらなる配慮が必要です。「使わない＝ノー」と表現できる場が保証されていても、刺激に曝されることは同じです。イメージと合致しても墓や死を連想させるパーツを準備してよいのかについては、十分な配慮が望まれます。見立てのない乱暴なコラージュ療法の導入は慎まなければなりません。簡便に見えるツールであるがゆえに、セラピスト自身の訓練や研鑽が必須です。

文　献

匹田幸余 (1999) 末期癌患者のコラージュ表現. In：森谷寛之・杉浦京子編：コラージュ療法. 現代のエスプリ, 386, 153-163.

石﨑淳一 (2001) コラージュに見る痴呆高齢者の内的世界. 心理臨床学研究, 19 (3), 278-289.

森谷寛之監修／日本コラージュ療法学会編 (2023) コラージュ療法のすすめ. 金剛出版.

中原睦美 (2003) 病体と居場所感―脳卒中・がんを抱える人を中心に（心理臨床学モノグラフ第2巻）. 創元社.

第13章
デス・エデュケーション

茂木七香

はじめに

　死は誰もに訪れるものであり，この世に生きる全ての人がその当事者となります。しかし同時に，その体験を語れる者は誰もおらず，この世に生きる全ての人が未経験者でもあります。この特殊な事象に，私たちはどのように向き合っていけばいいのでしょうか。

　Death Education はアルフォンス・デーケンによって「死への準備教育」と訳され，「死を身近な問題として考え，生と死の意義を探求し，自覚をもって自己と他者の死に備えての心構えを習得すること」を目的としています（デーケン，2018）。欧米では幼児向け，高校生向けなど各年代を対象とした多数の教科書やワークブック，教育プログラムが準備されており（デーケン，1996），日本でも近年，さまざまな形で取り組まれるようになってきました。

　対人援助職と言われる，人と関わり相手を援助する職業に就く者にとっては，利用者や患者など援助する対象の気持ちを考えることがまず第一ですが，援助者である自分自身の心も大切なケアの対象です。清水（2022）は，医療・ケア従事者の多くは生死に関わる疾患に罹った方や高齢の方を担当する機会に自身の死生について考えさせられることがあるとして，彼らを対象とした自著の中で人間の生と死をテーマに死の理解などの内容を取り上げています。「死」に関しては，仕事の場で出会うだけではなく個人的にも直面するものであり，自分自身のテーマとして慎重に向き合う必要があります。対人援助職は「『投影』が起きやすい仕事」（多田，2006）であると言われており，自分の心の状態や死に対する考え方が，援助する相手の終末期の受け止め方や死への向き合い方に影響を及ぼすことも考えられます。この章では，職業的視点と個人的視点の両方を大切にしながら，死について考えてみたいと思います。

表1　死に対する考え方の発達変化（Anthony, Newman より作成）

乳幼児期	死んだ者も次の瞬間には生き返ると考えている。
学童期	現実的な概念として死を捉えるようになるが自分自身や周囲の者と結び付けて考えることはできない。
青年期	それまでは遠い未来にあった死を自分に関係あるものとして捉えるようになり，青年期の課題であるアイデンティティの形成とともに自分自身の死生観が確立されていく。
成人前期	親密な他者の死への不安や，自分が死ぬことによる他者への責任を意識する。
成人中期	人生が半分過ぎたことを自覚し，両親や親戚の死から死を現実的に捉えるようになる。次世代への貢献によって死への不安が軽減される。
成人後期	人生をあるがままに受け止め，死を人生の当然の帰結として恐怖なく受け入れるようになる。

I　死生観について

1．死生観と発達段階

　あなたにとっての，死に関する最初の記憶はなんでしょうか？　筆者の記憶は，4歳まで遡ります。自宅の近くで遊んでいる時にアリの行列をみつけ，一匹をつまもうとしたところ，あやまって指先でつぶしてしまったのです。小さな手足が絡まって動きにくそうなアリを何とかしてやろうと焦れば焦るほどどうにもならず，アリは丸まったごみの塊のようになって動かなくなりました。命の終わり，というようなものを漠然と感じ，今までもがいていたアリも一旦死んでしまったら二度と元のようには動かないのだということをこの時に実感しました。しかしそこには悲しみや憐みのような感情はなく，まるで実験をするかのように，何匹かのアリを指先でつまんで丸めてみては，動かなくなるのを確認したことを覚えています。

　死や生に対する考えである「死生観」は，生まれ育った場所の文化的・宗教的背景や生育時のさまざまな経験によって各自の中で形成されていきますが，発達段階によって違いがあることも示されています（表1；Anthony, S.（1972），Newman, B. M.（1995）より筆者作成）。筆者の幼児期の上記のような行為は，「死んだ者も次の瞬間には生き返ると考えている」時期であったからこそ，そうならないことを実際に確認してみたくて行ったものかもしれません。成人後期の死生観を示す例としては，筆者が出会った老年期の女性Ｔさんの言葉が思い出されます。Ｔさんは，心臓の手術を受ける予定

の患者さんで，筆者は臨床心理士として術前の検査を行う目的で病室を訪問しました。訪問前，Ｔさんがリスクの高いこの手術を受けることに対して筆者は「70代後半という年齢でそんな危険を冒してまで，生き永らえることを強く求めている方なのだろうか……」と考えていました。ところがお会いしたＴさんは優しく微笑んで，穏やかな口調でこうおっしゃったのです。

「もう私ね，この年まで十分に生かしていただいて，何も思い残すことがないの。今とても幸せです。いつお迎えが来てもいいと思っているわ。だからこそ，こんな大きな手術を受ける気になったんですよ。もっと若い時だったら，死ぬことが怖くて，手術になんか踏み切れなかったかもしれない。もう，どうなってもいい，安心して死を迎えることができるわ，って，まな板の上の鯉になった気分だわ」

当時20代後半だった筆者にとって，Ｔさんの言葉は衝撃的でした。Ｔさんご本人の口からこの言葉を聞かなければ，Ｔさんに対して全く的外れの対応をし感情を害してしまっていたかもしれません。年を重ねると死に対する考え方が変化すること，そのことが治療に対する態度にも影響してくることを，この事例は教えてくれました。しかし，Ｔさんのような思いだからこそ，手術を受けてまで長生きしたくない，という考えを持つ患者さんもいらっしゃるでしょうから，一方的な自分の考えに囚われず，相手の話に注意深く耳を傾けることが大切だと感じます。

2．死生観の形成

かつて，我が国の人々の死生観形成に大きく影響を及ぼしてきたのは，「死後，その人の霊魂は目に見えない世界で存続し続ける」という考えに基づいた伝統宗教や宗教儀礼でした（島薗ら，2010；「　」は引用者による）。島薗によれば，近代化が進んだ社会の中で生きる現代人は，科学的根拠や合理的思考に基づいて死を捉え，限られた生をどのように充実して生きるか，無に帰す生をなおどのように意味づけることができるかを問われることとなります。そこでは自分自身の経験だけではなく，テレビや映画やマンガなどの大衆娯楽文化が人々の死生観に影響を及ぼす傾向が強まっており，特に子どもたちにとって，周囲の大人の何気ない発言やちょっとした対応などはその後の死生観形成に大きな影響を与えることとなります。

筆者が小学校低学年の頃，同居して間もなかった母方の祖父が病気で入院し，亡くなりました。終末期の頃にも病院にお見舞いに行きましたが，一緒

についていった筆者と小学校高学年だった姉に母は「外で待っていてね」と言い，病室には入れませんでした。数日後のお葬式の時にも，参列こそしましたが「あなたたちは向こうの部屋で静かにしていて」と言われ，子ども心に「触れてはいけないことなんだ」と感じて何も聞けずに過ごしたことを覚えています。後に Death Education に関わるようになってから，自分の中にある死に対する近寄り難い感情はこの経験に端を発しているのだと気づきました。また，数年前に筆者が行った Death Education の授業では，ある看護学生が，死に対する否定的な感情の根底にある経験として，「ペットの金魚が死んだ時，母親がそれをアルミ箔で包み，『ゴミ箱に捨ててきなさい』と言った」というエピソードを話してくれました。いずれの場合も，母親なりに幼い子どもに死を直視させるのはふさわしくないと判断し遠ざけるつもりの行動だったのだと思うのですが，結果的に子どもの死生観形成にネガティブな影響を与えることとなったようです。

　一方で，同じく「ペットの金魚が死んだ」ことについて，筆者の娘（当時小学校低学年）が日記帳に綴った時の担任の先生のコメントは次のようなものでした。

　「それは悲しいことだね。死んでしまったらもう二度と会えません。でも，○○さん（長女の名前）の心の中で生きています」

　正直に言えば，娘がこのことを日記帳に書いた時，担任がどのようなコメントを書いてくれるのか，筆者は母親としてとても心配でした。長年飼っていた金魚の死は長女が経験した初めてのリアルな死であり，それをどう捉えどこに収めるかは彼女のこれからの死生観を形成する上で重要な課題だったのです。帰宅した長女に日記帳を見せられた時，子どもに対してよく言われるような「金魚さんはきっと天国で楽しく泳いでいるよ」などというその場しのぎの反応ではなく，死という事象について正面から捉え現実を伝えながら，遺された者の心情にも思いを馳せるような上記のコメントを読んで，ほっと胸をなでおろしたものでした。

　自分自身がどのような死生観を持っているか，それはどのような経験から形成されたものなのかを考えることは，これから先，あなたがケアしている相手の死や自分自身の死をどう捉えどう向き合ってゆくかに関わってくることです。どのような姿勢でケアをしてゆけば良いか，については，前出の島薗（2010）の言葉でこうまとめられています。

「(現代のケアの場面では)自ら迷いながら探求しているその人の思考に寄り添い，相手が語る言葉にじっくり耳を傾け，そのニーズに応じて臨機応変に死生観の形成を助けていくような姿勢が必要となっています。そして相手からまなびながら，自分自身の死生観についても反省を重ね，深めていく姿勢が必要でしょう」

II 死を捉える視点

筆者は過去に何年か，医学部の臨床実習(ポリクリ)中の学生や研修医へのDeath Educationを行ってきました(益田，2007；旭ら，2008，2009，2011；茂木ら，2011)。そこには，患者役と医師役とのロールプレイ，自分自身の考え方についての記述，医師と模擬患者による演技のDVD視聴など，死に関連したさまざまな内容の課題が盛り込まれていました。その中のひとつに，「あなたにとって死とはどのようなものですか？ どんなイメージですか？」と尋ね，記述してもらう課題がありました。死に対してどこからでも自由に思いを巡らせてもらうのが目的ですが，この課題を行う際に「誰にとっての死を考えれば良いのですか？」と学生から尋ねられることが時々ありました。

死をどこから捉えるか，については，「死の人称態」として知られるジャンケレヴィッチの考え方があります(表2；Jankelevitch(1966)，芹沢(2008)より作成)。医学生たちの上記の課題への回答は，「いやだ！ 死にたくない」「人生の終着点」「愛する人との別れ」「二度と会えないもの」「スイッチオフ」などさまざまですが，死の人称態に照らし合わせると，どの人称態から死を捉えているかがよく分かります。では，医師にとって，あるいは対人援助職にとって，患者や利用者の死は何人称の死なのでしょうか。これに関しては柳田(2006)が「2.5人称の視点」の定着を提言しています。ここでは，「自分が当事者あるいは家族だったら」と寄り添いつつも感情的になり冷静で客観的な判断が下せない2人称ではなく，3人称と2人称の2つの立場を視野に入れた潤いのある2.5人称を，専門的職業人のあり方としています。患者

表2 死の人称態(Jankelevitch，芹沢より筆者作成)

1人称	私	経験不能な主観的領域 悲劇の主体性
2人称	あなた	親密な関係にある人の死
3人称	彼・彼女	抽象的で無名の死 共有可能

表3　臨老式死生観尺度の因子名と項目例

	因子名	具体的な項目例
1	死後の世界観	人は死後，また生まれ変わると思う
2	死への恐怖・不安	死は恐ろしいものだと思う
3	解放としての死	死は痛みと苦しみからの解放である
4	死からの回避	私は死について考えることを避けている
5	人生における目的意識	私は人生にはっきりとした目的と使命を見出している
6	死への関心	自分の死について考えることがよくある
7	寿命観	寿命は最初から決まっていると思う

各因子4項目（因子7は3項目），因子5は逆転項目

や利用者に接する時に心に留めておきたい考え方です。

　しかしこれについて，筆者の知人のある医療関係者は「2.5人称の視点で接していても，結局家族や親友のような2人称にはなり得ない存在なので，身内によって行われるモーニングワーク（法事や集まりなどへの参加）からはシャットアウトされてしまい，自分一人の中で悲しみを癒していかなくてはならないのがつらい」と話していました。愛する人を失った悲しみは，○回忌，という節目ごとに共通の思いを持つ人たちと集い，亡くなった人のことを語り合うことで薄れてゆく部分も大きいものです。職業上出会った方の死に対しては，感情的な部分を出せる場が少なく，悲しみを自分の中に封じ込めてしまいがちになりますが，2人称の死を経験した時と同じように傷つき揺れ動く自分を認め，受け止めていくことも大切なのではないかと思います。

III　Death Education の実際——
医学部学生・研修医への Death Education

　前項でも少し触れましたが，筆者がこれまでに行って来た Death Education は，患者への対応方法の習得がメインではなく，医学生や研修医が自分自身の持っている死に関する考え方を見つめ直すことがねらいでした。彼らの死生観が Death Education の前後でどう変化したかを明らかにするために，臨老式死生観尺度（平井ら，2000；表3）という質問紙調査を Death Education の前後で実施しました（旭ら，2008, 2009, 2011；茂木ら，

2011)。その結果，医学生・研修医ともに，Death Education の後の方が「死への恐怖・不安」因子の得点が有意に減少しました。学生たちは講義に参加し，死に対する自分の気持ちを振り返ったり，他の人の考えに触れたりすることで，死について考えたり話したりすることをタブーと感じる気持ちが薄れ，不安や恐怖を感じなくなったのではないかと思われます。また，「死後の世界観」因子の得点も減少していましたが，これは，「死後の世界はあると思う」「死んでも魂は残ると思う」などといった，前項で触れた内容で言うと伝統宗教的な考え方に基づくものです。ロールプレイではありますが，死を目前にした患者の気持ちを考えながら実際の対応を考えるという演習を行ったことで，死後の世界や魂といったイメージ的な視点からではなく，死という事象に直面して自分自身がどう考えどう振る舞うべきかといった，現実的な視点から死を捉えることが可能になったのではないでしょうか。

　以上のような得点上の変化に加えて，Death Education 後の学生たちの感想から，彼らの気づきを知ることができました。まず第一に，「死については，今までじっくり考えたことはほとんどなかったので貴重な機会でした」「ふだん死について考えるのはなるべく避けていたが，皆と一緒に考えることができてよかった」などに代表されるように，死について考える機会の少なさについて触れる学生が非常に多いことに逆に驚かされます。患者の死を扱う医師にとって死は身近なテーマだと思われますが，現在の医学教育のカリキュラムの中では死について1人称的な視点から取り上げた授業は稀であり，学生が自ら積極的に求めないかぎり死に関する考察を深める機会は与えられていないようです。その他にも，「日頃，友だちの『死に対する考え』を聞く機会などは全くないので，有意義でした」「この授業がなかったら，死について何も考えないままで終末期患者さんの所に行っていたかもしれないと思うと，このタイミングで学べて良かったです」「患者さんの死についてはこれまでにも考えていたが自分自身の死については考えたことがなかった」など，専門職としての立場ではなく「私」という一個人の立場から死を捉えることにより，死に対しては医療者である自分も患者も同じ当事者であるという認識を持つことができたようでした。

　医療者を対象としたデス・エデュケーションの目標は，死の不安を軽減し，死に対して積極的に対峙する態度を身につけることだと言われます（川島ら，2016）。筆者と同じく平井ら（2000）の尺度を用いて医学科学生の生命倫理観と死生観を明らかにした望木ら（2015）の研究では，医学生の「死へ

の恐怖・不安」は他学部生より有意に低いが,「死への関心」は有意に高いという結果が示されています。デス・エデュケーションの内容や方法について,鈴木(2022)は流動的なものであると述べており,その理由を「人間の存在に関する事柄を扱うので,どうしてもその時の事象に触れざるを得ないし,受講学生の様子もさまざまなためである」としています。医療者を目指す医学生たちにとって死は関心の高いテーマではありますが,近年の新型コロナウイルスの感染拡大によってもたらされた社会変化や医学生たちの死生観に与えた影響は看過できないため,コロナ後の新たな視点でのデス・エデュケーションが必要になるのではないかと思われます。

おわりに

以上,職業的視点と個人的視点の両方から死を捉えることの大切さについてお話してきましたが,この2つの視点は切り離せるものではありません。Dechamps, A.(2011)は,ホスピスの緩和ケアスタッフのためのセルフケアやセルフアウェアネスのプログラムについて記した文章の中で,「緩和ケアに関わることは,必然的に,自分自身の死すべき運命に直面することである」と述べています。対人援助職として患者や利用者と関わる際,時として死は予告なく訪れます。その時に,「相手の死」を考えると同時に,自分自身の死に関わる個人的経験を思い出して動揺したり,自分の身近な人の死への恐怖に怯えたりするのは当たり前のことなのです。もちろん,専門職としての仕事に支障が出ることは避けなくてはなりませんが,死は自分自身にとってもやがて直面すべきものでありながら全く未知のものであり,事前に考えておいて準備できることではありません。学習や訓練によって対処法を習得したり,常に穏やかに対峙できる境地に至ったりすることの決してない,もっと深く遠大な課題なのです。

対人援助職として相手と関わる時,第三者としての客観的な目線と,当事者としての主観的な目線の2つを持ちながら,どのように折り合っていけば良いのでしょうか。高橋(2010)は,これについて「職業的介入者がもつ当事者感覚」として次のように述べています。

「…(前略)…最善の答えを見つけて提供しようとする立場と,これがもし自分に起こった出来事だったら,と考えることは必ずしも互いに背反するとは

限りません。『これは自分にも起こり得ることだ』と考えることは，ケアの提供者と受け手との間にも，介入者と被介入者という間柄とは異なる平らな関係をつくりだす可能性を与えます」

　死に直面している相手に職業上の立場から関わる時，死については自分自身も当事者なのだという意識があるだけで，相手への対応は全く違ったものとなるはずです。個人的な意味合いでの死については，それこそ死ぬまで，常に向き合って考えてゆく課題となるでしょう。

　さいごに，遺される者として死に対峙する時の心の持ち方として，お話ししておきたいことがあります。もう何十年も前ですが，筆者が身内を亡くして悲しみに沈んでいた時，周りの人たちにいろいろな言葉を掛けられました。「いつまでも泣いていてはだめだよ」「泣いたって戻ってくるわけじゃないんだから」。少し元気を取り戻した頃には「もう出かけられるようになったんだ」「すっかり元気になったね」。どの言葉も，筆者を元気づけるためのものだと今ならわかるのですが，当時は自分の行動の全てが否定されているような気がして辛かったものです。そんなある時，ふいに「私自身はどんな自分も許し受け入れることにしよう」と思い，それからは誰に何を言われても気にならなくなりました。その後，『くまとやまねこ』（湯本，2008）という絵本に出会いました。なかよしのことりをなくしたくまに，まわりのみんなは「ことりはもうかえってこないんだ。つらいだろうけど，わすれなくちゃ」と言いますが，やまねこだけは違いました。「きみはこのことりと，ほんとうになかがよかったんだね。ことりがしんで，ずいぶんさびしい思いをしてるんだろうね」。あの時の私が望んでいたのは，この言葉だったのだ，と実感しました。

　職業的な立場で死を看取る人の話を聞く時，「泣いてしまう自分」にも「泣けない自分」にも苦悩する姿を見かけます。どちらでもよいのだ，今の自分の自然な気持ちをあるがままに受け止め表出して，自然な回復のプロセスを辿って行こう，と考えることで，少し心が軽くなるのではないかと思います。

文　　献

Anthony, S. (1972) The Discovery of Death in Childhood and After. Basic Books.
旭多貴子・茂木七香・阿部恵子ほか（2008）「死の教育」前後における医学生の死生観の変化．大垣女子短期大学紀要，50, 107-111.

旭多貴子・茂木七香・阿部恵子ほか（2009）医学生に対する「死の教育」の効果検証．第 41 回医学教育学会大会予稿集，医学教育，40- 補冊，142.

旭多貴子・茂木七香・阿部恵子ほか（2011）初期研修医の終末期医療に対する心理状態（1）：死生観尺度調査による検討．第 43 回医学教育学会大会予稿集，医学教育，42- 補冊，132.

Dechamps, A. (2011) Leadership and staff care, self-care and self-awareness: Reflections from St Christopher's Hospice, London. In: Renzenbrink, I. (Ed.): Caregiver Stress and Staff Support in Illness, Dying, and Bereavement. Oxford University Press, pp.127-137.

デーケン，アルフォンス，メジカルフレンド社編集部（1986）〈叢書〉死への準備教育：Death Education，第 1 巻 死を教える．メジカルフレンド社 , p.2.

デーケン，アルフォンス（1996）死とどう向き合うか．NHK ライブラリー，pp.216-226.

デーケン，アルフォンス（2018）より良き死のために．ダイヤモンド社，p.78.

Jankelevitch, V. (1966) La Mort.（仲澤紀雄訳（1978）死．みすず書房，pp.24-36.）

川島大輔・近藤恵（2016）はじめての死生心理学．新曜社，p.22.

平井啓・坂口幸弘・安部幸志ほか（2000）死生観に関する研究―死生観尺度の構成と信頼性・妥当性の検証．死の臨床，23-1, 71-76.

益田雄一郎（2007）医学生に死をどう教えるか．In：お茶の水女子大学 21 世紀 COE プログラム　誕生から死までの人間発達科学．第 6 巻 死の人間学．金子書房.

望木郁代・桑畑綾香・白石泰三・堀浩樹（2015）医学教育，46(4), 355-363.

茂木七香・阿部恵子・旭多貴子ほか（2011）初期研修医の終末期医療に対する心理状態（2）：Death Education 前後での不安の変容．第 42 回医学教育学会大会予稿集，医学教育，42- 補冊，132.

Newman, B.M., Newman, P.R. (1995) Development Through Life: A Psychosocial Approach, 6th ed. Brooks/Cole Publishing Company, pp.653-657.

芹沢俊介（2008）なぜ人は死に怯えるのだろうか．In：死生学［1］死生学とは何か．東京大学出版会．pp.161-163.

島薗進（2010）現代人の死生観と宗教伝統．In：清水哲郎・島薗進編：ケア従事者のための死生学．ヌーヴェルヒロカワ，pp.230-242.

清水哲郎（2022）医療・ケア従事者のための哲学・倫理学・死生学．医学書院，pp.201-265.

鈴木康明（2022）日本におけるデス・エデュケーションについて．アジア・文化・歴史，13(0), 106-112.

多田ゆかり・村澤孝子（2006）対人援助職のメンタルケア．ミネルヴァ書房，pp.6-91.

高橋都（2010）職業的介入者が持つ「当事者感覚」．In：清水哲郎・島薗進編：ケア従事者のための死生学．ヌーヴェルヒロカワ，pp.64-74.

柳田邦男（2006）「人生の答え」の出し方．新潮文庫，pp.245-246.

湯本香樹実（2008）くまとやまねこ．河出書房新社.

索　引

数字・アルファベット
2.5人称　188, 189
ADAS　103, 104, 112
APA →アメリカ精神医学会
Baltes, P. B.　14, 15, 21, 28-32, 34, 35, 39-41, 45, 47, 48, 54, 55
Barthel Index　105
BPSD　89-91, 117-120, 132, 136
Bruner, J.　14, 16, 21
Bühler, C.　13, 14
Butler, R.　16, 130, 139
CDR　105, 113
COGNISTAT　103, 113
DSM　81-83, 94, 96-98
Erikson, E.H.　14, 16, 18, 32, 33, 39, 40, 44, 45, 46, 54, 129, 139
FAST　105
Feil, N.　132, 139
GDS　104, 108, 109, 111, 113
HDS-R　100, 102, 112
IADL（手段的日常生活動作）　19, 105
Kitwood, T.　132, 133, 139, 140
Kübler-Ross, E.　161-163, 167, 176, 182
Makizako, H.　23
McAdams, D. P.　16, 21, 43, 47, 55, 138, 140
MMPI　52, 57
MMSE　100-102, 108-110
NEO　52
NPI　104
Palmore, E.　11, 12, 13, 22
PIL生きがいテスト　53, 57
SAT　53
SCT　53
TAT　53, 57, 103, 113
WAIS　26, 78, 103, 113
WMS　103, 113

あ行
悪性の社会心理　132, 133
アメリカ精神医学会（APA）　81, 93, 94, 98
新たな意味の生成　17
アルツハイマー　37, 42, 82-87, 91, 95, 99, 103, 105, 109, 111, 117, 120, 127, 134-136, 140
いいケアからいい生活へ　148
意味づける行為　16
医療の選択　156, 163
インフォームド・コンセント　172, 177
運動　18, 19, 23, 37, 38, 42, 58, 62, 88, 101, 137
エイジズム　12, 13, 21, 22, 49
エイジング・パラドックス　48
英知　24, 32-36, 45, 175
横断的方法　27, 29, 30
大うつ病性障害　95, 97
「お迎え」体験　162

か行
介護
　―施設　142-145, 149, 150, 153
　―ストレス　73, 74
　―の構造化　152
　―負担　73-77, 90
介護者の心理的プロセス　123
介護予防　10, 19, 62, 64, 65, 140
　―事業　64
回想法　16, 130, 131, 134, 135, 140
語らない力　159, 160
活動理論　47, 63
加齢性変化　80

がん対策基本法 169
緩和ケア 139, 163, 168, 171, 172-175, 178, 181, 182, 191
虚弱高齢者 157
グリーフケア 154
継続性理論 48, 63
軽度認知障害 81, 82, 85, 97, 102, 114, 129, 137, 139
系列法 29, 30, 44
結晶性知能 27, 28, 45, 47
健康寿命 23, 61, 62, 64
現実見当識訓練 133
幸福感 16, 48, 49, 54, 58, 63
高齢運転者 42
高齢者のための国連原則 58, 64, 65
コーピング 74
個人的視点 184, 191
古典的加齢パターン 28, 36
孤独感 45, 154, 172
コホート 29, 30, 44, 65
コラージュ療法 135, 139, 178, 183
孤立死 156, 165-167
コンボイ・モデル 48, 70, 71, 75

さ行
サクセスフル・エイジング 22, 36, 37, 48, 63, 65
サルコペア 23
残存能力 78, 149
死 12-16, 19-21, 32, 33, 37, 42, 45-47, 49, 50, 56, 80, 91, 95, 104, 121, 125, 128-130, 133, 138, 140, 141, 144, 147, 154-172, 174, 176, 177, 179-193
　―の医療化 156, 163, 166
　―の語り 157, 158, 160
　―の人称態 188
　―への準備教育 184, 193
　　人工的な― 163
自己観 162, 163

自己決定権 78
自殺 94, 138, 156, 164-167
　―予防 156, 164-167
死生学 56, 156, 166, 167, 193
死生観 159-163, 166, 185-193
　―形成 186, 187
視点の転換 17
社会関係 67, 76, 77
社会情緒的選択性理論 48
社会的支援 67, 69-71, 77
社会的ネットワーク 67, 70, 71, 77, 165
縦断的方法 29, 30
熟達化 32, 33, 36
手段的日常生活動作→IADL
生涯発達心理学 10, 13-16, 21, 22, 24, 25, 28, 35, 45, 47
生涯発達理論 44
生活不活発病 19
職業的視点 184, 191
心理教育 126, 135-137, 177
心理的ニーズ 132
心理療法の可能性 130
スピリチュアルケア 140, 175
生活史 146-149, 151
成功一致モデル 48
精神疾患 80, 83, 96, 98, 138, 164, 198
セカンド・オピニオン 172
セルフネグレクト 165
全人的苦痛 173, 175
前頭側頭葉変性症 83, 88
せん妄 18, 80, 83, 87, 91, 93, 94, 96, 97, 138, 162
喪失 14-16, 18, 22, 33, 34, 39, 45, 47, 48, 69, 90, 92, 95, 104, 120, 122, 123, 127, 129, 136, 139, 141, 144, 145, 147, 154, 162, 167, 168, 198
ソーシャル・サポート→社会的支援
その人らしさ 16, 57, 132, 134, 139

た行

ターミナルケア 172, 174, 178, 180
代償的プロセス 24, 33, 34, 39
第4世代 45
他者の言葉の取り入れ 17
地域包括支援センター 114
中核症状 89, 90, 92, 93, 117, 119, 120
治療ガイドライン 94, 97
低下モデル 47, 48
適応理論 47, 175
当事者感覚 191, 193
独居 63

な行

ナラティヴ 10, 13, 14, 16, 18, 21, 22, 141, 167, 200
入居生活 145
認知加齢 24, 25, 27, 28, 31-34, 36, 38, 39
認知機能 19, 26, 36-38, 42, 47, 51, 80-84, 87-90, 92, 93, 95, 99-106, 112, 114, 116, 117, 129, 131, 135-139, 177
認知症
　—のイメージ 128
　—の啓発活動 128
　—の告知 121, 139
　—の授業 126, 128
　—の症状 83, 88-90, 117, 120, 125
　—の診断基準 82, 116
　脳血管性— 87
　レビー小体型— 84, 87, 93, 114
認知的訓練 38
認知的予備力 37
認知リハビリテーション 135, 139, 140
脳血管性認知症 87

は行

パーソナリティ 35, 43, 44, 47, 48, 50-53, 57, 63, 88, 123

パーソン・センタード・ケア 132, 140
パーソンフッド 132
バーンアウト 126, 166, 180-182
廃用性障害 18
バリデーション療法 132
判断能力 78
悲嘆反応 154
悲嘆プロセス 154
描画法 53, 57
病気によるこころの変化 80
プロダクティブ・エイジング 48, 49, 63, 64
フレイル 19, 23
訪問販売 78
補償による選択最適化理論 48

ま行

前向きな働きかけ 132, 133
無力感 139, 145, 147, 148
もの忘れ外来 92, 108, 109, 114

や行

役割 19, 23, 34, 43, 45, 48, 50, 58-60, 62, 63, 67, 69, 70, 74, 83, 90, 92, 95, 125, 126, 129, 144, 146-149, 154, 179, 180
　—の喪失 69, 95
やまだようこ 22
やる気スコア 104, 113
予防的介入 129, 137

ら行

ライフサイクル 40, 46, 54, 67, 68, 182
ライフレビュー 16, 130, 131, 140
離脱理論 48, 49, 63
リバーミード行動記憶検査 103, 113
流動性知能 27, 28, 31, 32
臨老式死生観尺度 189
レビー小体型認知症 84, 87, 93, 114
老年期疾患 18

老年期のがん　176, 177
老年症候群　18
ロールシャッハ法　52, 57
ロールプレイ　188, 190

編者略歴
山口智子（やまぐち・さとこ）
広島県尾道市生まれ。名古屋大学大学院教育学研究科発達臨床学専攻博士課程単位取得満期退学。日本福祉大学名誉教授。博士（教育学）。臨床心理士，公認心理師。

主な著書
『人生の語りの発達臨床心理』（単著，ナカニシヤ出版，2004 年）
『喪失のこころと支援』（編著，遠見書房，2023 年）
『問いからはじめる発達心理学―生涯にわたる育ちの科学　改訂版』（共著，有斐閣，2024 年）

執筆者一覧（所属は初版出版当時）
尾崎　紀夫（名古屋大学大学院医学系研究科（精神疾患・病態解明学））
河野　直子（大阪公立大学大学院 現代システム科学研究科）
久世　淳子（日本福祉大学健康科学部）
鈴木　亮子（椙山女学園大学人間関係学部心理学科）
武田　啓子（元日本福祉大学健康科学部）
中原　睦美（鹿児島大学大学院臨床心理学研究科）
林　　尊弘（愛知医療学院大学リハビリテーション学部）
牧野多恵子（名古屋大学大学院医学系研究科地域在宅医療学・老年科学）
間瀬　敬子（元日本福祉大学健康科学部）
茂木　七香（大垣女子短期大学幼児教育学科）
山口　智子（日本福祉大学名誉教授）
山本さやこ（日本福祉大学社会福祉学部／教育・心理学部）

老いのこころと寄り添うこころ　改訂版
介護職・対人援助職のための心理学

2012 年 9 月 20 日　第 1 版　第 1 刷
2017 年 3 月 10 日　第 2 版　第 1 刷
2025 年 1 月 31 日　第 3 版　第 1 刷

編　者　山口智子
発行人　山内俊介
発行所　遠見書房

〒 181-0001 東京都三鷹市井の頭 2-28-16
株式会社　遠見書房
TEL 0422-26-6711　FAX 050-3488-3894
tomi@tomishobo.com　http://tomishobo.com
遠見書房の書店　https://tomishobo.stores.jp/

印刷　太平印刷社

ISBN978-4-86616-213-3　C3011

©Yamaguchi Satoko 2025
Printed in Japan

※心と社会の学術出版　遠見書房の本※

遠見書房

働く人びとのこころとケア
介護職・対人援助職のための心理学
山口智子編
産業心理学の理論と臨床実践を紹介しながら，人びとが生き生きと働くためには，どのようなことが役立つのか。対人支援の現場を中心にした，新しい産業心理学を模索する1冊。2,860円，A5並

心理学者に聞く
みんなが笑顔になる認知症の話
正しい知識から予防・対応まで
竹田伸也著
本人・家族・支援者のために書かれた高齢者臨床を実践し介護にも関わる心理学者ならではの，予防と対応のヒント集です。1,540円，四六並

動作法の世界：動作法の基本と実践①
動作法と心理臨床：動作法の基本と実践②
大野博之・藤田継道・奇恵英・服巻豊編
動作法の入門から，他のアプローチとの異同，心理学的な位置づけ，スポーツ動作法，発達障害，思春期，PTSD，身体障害，さまざまな場面で生きる動作法を描く。
① 2,420円／② 2,750円（共に四六並）

臨床力アップのコツ
ブリーフセラピーの発想
日本ブリーフサイコセラピー学会編
臨床能力をあげる考え方，スキル，ヒントなどをベテランの臨床家たちが開陳。また黒沢幸子氏，東豊氏という日本を代表するセラピストによる紙上スーパービジョンも掲載。3,080円，A5並

公認心理師の基礎と実践　全23巻
野島一彦・繁桝算男監修
公認心理師養成カリキュラム23単位のコンセプトを醸成したテキスト・シリーズ。本邦心理学界の最高の研究者・実践家が執筆。①公認心理師の職責〜㉓関係行政論　まで心理職に必須の知識が身に着く。各 2,200円〜3,080円，A5並

喪失のこころと支援
悲嘆のナラティヴとレジリエンス
（日本福祉大学教授）山口智子編
「喪失と回復」の単線的な物語からこぼれ落ちる，喪失の様相に，母子，障害，貧困，犯罪被害者，HIVなど多様なケースを通して迫った1冊。喪失について丁寧に考え抜くために。2,860円，A5並

エンカウンター・グループの理論と実践
出会いと成長のグループ体験を学ぶ
（九州大学名誉教授）野島一彦著
エンカウンター・グループを50年以上にわたって実践と研究を牽引してきた著者による論集。グループのダイナミズムや特長を描き出し，理論と方法を余すところなく伝えます。3,080円，A5並

呪医とPTSDと幻覚キノコの医療人類学
マヤの伝統医療とトラウマケア
（和歌山大学名誉教授）宮西照夫著
伝説的シャーマンの教え，呪医による治療，幻覚キノコの集会……。マヤの地における呪医とキノコとトラウマケアをめぐるフィールドワークの集大成，著者渾身の一書。2,530円，A5並

がんと嘘と秘密
ゲノム医療時代のケア
小森康永・岸本寛史著
本書は，がん医療に深く携わってきた二人の医師による，嘘と秘密を切り口にテキストと臨床を往還しながら，客観性を重視する医科学的なアプローチを補うスリリングな試み。2,420円，四六並

N：ナラティヴとケア
ナラティヴがキーワードの臨床・支援者向け雑誌。第15号：オープンダイアローグの可能性をひらく（森川すいめい編）年1刊行，1,980円

価格は税抜きです